アメリカの中高生が
学んでいる

話し方の授業

コミュニケーションコーチ
エグゼクティブメディアトレーナー

小林音子

SB Creative

「人前で話すのが苦手」
「初対面で何を話せばいいかわからない」
「会話を盛り上げる自信がない」
「うまく話せず、失敗した経験がある」
「丁寧に話したつもりが、相手を怒らせてしまった」
「自分は話し方で『損をしている』と感じる」

雑談、日常会話、説明、交渉、
会議、商談、報連相、スピーチ、プレゼンテーション……。
「話し方」で人の印象は180度変わる。
仕事も人間関係も、
すべては「話し方」で決まる
と言っても過言ではありません。

それほど重要なスキルであるにもかかわらず、
日本では「話し方」を学ぶ機会が
ほとんどないまま社会人生活が始まります。
コミュニケーションに苦手意識を
持つ人が多いのも無理はないと思います。

一方、なぜかアメリカ人のイメージは、
自分の意見を堂々と言える。
第一印象が良い人が多い。
初対面でもすぐに打ち解けられる。
トークで人を動かす力がある。

人前で臆することなく話すことができ、
人々を魅了する「名スピーチ」「名プレゼン」と
呼ばれるものも、
ほとんどがアメリカ人です。

これは単に「国民性」の
違いなのでしょうか。
日本人とは生まれ持ったものが
違うのでしょうか。
いえ、そうではなかったのです。

なぜなら、アメリカでは、
学生時代から「話し方」を体系的に学ぶからです。

中高生は、
コミュニケーションのスクールなどに通い、
「社会に出てから最も大切なスキル」を
〝社会に出る前に〟学ぶのです。

本書では、そんなアメリカの中高生が学んでいる
「人の『共感』と『信頼』を勝ち取る
世界標準の話し方」
の授業内容を
余すところなく紹介していきます。

アメリカの中高生が学んでいる
話し方の授業

はじめに　アメリカでは学生のときから「話し方」を学ぶ

「話し方を変えたら、人生が180度変わった」

「言葉に感情をこうやってのせてみましょう」
「自信を持ったジェスチャーで話してみましょう」
「話しかける前に相手の様子を観察してね」

これは、実際に私がアメリカ現地のコミュニケーションのスクールに視察に行った際の光景です。

「コミュニケーションの先生」と「アメリカの学生たち」とのやり取りは、こんなふうに進みます。

それまでは内気でオロオロと話していた学生たちが、先生の指導を受けた途端、みるみるうちに、ハリのある声を出し、表情が豊かになっていくのを目の当たりにしました。

そして、現在、私はそのエッセンスを日本で教えています。

「話し方は何歳からでも変えられるんですね」
「人間関係がうまくいくようになりました」
「話し方を変えたら、人生が１８０度変わった」

指導させていただいた方々からは、こんな言葉をよくいただきます。

これもすべては、「アメリカの学生たちが学んでいる話し方」が、非常に理にかなっているからなのです。

なぜアメリカ人は話し方がうまいのか？

はじめまして。小林音子と申します。

私は**コミュニケーションコーチ**として、ビジネスパーソンや就活生、受験生、教師、講師、俳優、タレント、文化人の方々など、これまで延べ**3万人以上**の方々に、コミュニケーションの指導をしてきました。

また、**TEDxスピーチトレーナー**として、スピーチに登壇するスピーカーの方々へ「話し方」の指導をしたり、**エグゼクティブメディアトレーナー**として政界や経済界などのエグゼクティブの方に対して、メディア対応に特化したコミュニケーション技術もコーチングしています。

そんな私のコミュニケーションコーチとしての一番の特徴が、「アメリカの学生たちが学んでいる話し方」を軸にしている点です。

先程もお伝えしたように、私はこれまでアメリカで現地の学生が通うコミュニケーションのスクールを何度も視察し、そのエッセンスを自身のメソッドに取り入れています。

さて、自己紹介はこれくらいにしましょう。

ここで突然ですが、一つ質問です。

あなたは、「話し方が上手な人」と言われたら、どんな人を思い出しますか？

人それぞれ思い浮かべる方は違うと思いますが、一つ代表的な例を挙げると、後世に語り継がれるような、人々を魅了する「名スピーチ」「名プレゼン」には、アメリカ人が多いという点です。

たとえば、ビジネスパーソンの間で名スピーカーと言えば、やはりアップル創業者のスティーブ・ジョブズでしょう。

米スタンフォード大学の卒業式で行ったスピーチ（2005）は、「Stay Hungry, Stay Foolish.（ハングリーであれ、愚かであれ。）」の言葉と共に語り継がれています。

中でもiPhoneの新商品が発売される際の彼のプレゼンテーションは有名で、ステージを歩きながら間を使いこなす話し方は人々の興味を引きつけ、感情と行動を変えました。また、TED Talksで有名なスピーチもやはり多くがアメリカ人です。

アメリカ人は、「話し方」でリーダーシップを発揮するのも上手です。「I have a dream」で有名なキング牧師の演説は、広く共感を呼び、多くの人を動かしました。

アメリカ人のコミュニケーション力の高さは、こういった仕事の場面だけではありません。

もっと日常的な、身の回りの人たちとの人間関係においても同じです。

皆さんも、アメリカのドラマや映画などを観ていて、彼ら彼女らが初対面でも非常にフランクに話し、すぐに打ち解ける姿を見たことがあるでしょう。

自分の意見を堂々と言うにもかかわらず、その様子はとても好印象で、人間関係が円滑に進んでいるのが感じられます。

全員とは言いませんが、ほとんどのアメリカ人のイメージはビジネスの場面でもかしこまったり堅苦しいイメージはなく、年齢や立場を問わず比較的カジュアルでリラックスした雰囲気で話している姿が浮かぶのではないでしょうか？

もちろん、一つの国の人々全員をひとまとめにくくることはできませんが、大枠として、アメリカが「コミュニケーション先進国」であることは、間違いなさそうです。

アメリカ人のコミュニケーション力は「国民性」ではなかった！

「とはいえ、それは文化や国民性の違いでしょ？」

そう思ったでしょうか。

アメリカ人はそもそもがオープンマインドで、明るい性格の人が多い。控えめな国民性の日本とは違い、生まれながらの性格からコミュニケーションに適しているだけなのではないか。

そう思っている人も多いかもしれません。

しかし、日本と明らかに違う点があります。

それは、アメリカの中高生は「コミュニケーション」を学校の授業やプログラムで体系的に学ぶという点です。

さらにアメリカには、コミュニケーションを学ぶ「スクール」や「ワークショップ」「キャンプ」がたくさんあります。日本で言う「塾」のようなものです。日本で子どもを塾に通わせるのと同じように、アメリカでも子どもたちをこの「コミュニケーションを学ぶスクール」に通わせます。

なぜでしょうか?

それは、**「社会に出るに当たって、『コミュニケーション力』は最も大事なスキルの一つである」**と考えられているからです。

「社会に出てから最も大事」だからこそ、アメリカでは〝社会に出る前に〟子どもたちにコミュニケーションを学ばせるのです。

アメリカ人は、そもそもが生まれながらにコミュニケーションに自信を持っている――。

そういった「国民性」の側面がないとは言いませんが、**こうして「コミュニケーションを体系的に学ぶ経験」をしていることで、彼ら彼女らが「話し方」に自信を持ってるという側面も大きいでしょう。**

一方、日本人が「話し方」に自信が持てないのも無理はありません。「コミュニケーションが苦痛」とすら思っている人も多いかもしれません。

そもそもが、コミュニケーションをきちんと学ぶ機会が少ないからです。

ですから、アメリカ人のように、「コミュニケーションは楽しいものであり、仕事や人生を豊かにするもの」ということに気づいてほしい。

そして、皆さんにも「話し方」を学ぶことで自信を持ってほしい。

人に好かれて、親しくなり、良好な人間関係を築くことで、幸福感や満足感あふれる人生を手に入れてほしい。

この本には、そんな願いが込められているのです。

共感を呼び、一瞬で人を動かす「世界標準の話し方」

では、「アメリカで学ばれている話し方」とは何なのか。「日本で一般的に知られている話し方」とは何が違うのか。

その詳細はPROLOGUEに譲りますが、ここでその軸のみをお伝えすると、**「アメ**

リカの話し方」では「マインド」を非常に重視します。

「マインド」とは、**話をするときに「頭の中で、どんなことを考えているか」「心の中で、どんなことを思っているか」**です。

「そんな心の持ちようなんて、関係ないでしょ？」

そんなふうに思ったかもしれません。

しかし、本当にそうでしょうか？

皆さんにも、こういった経験はありませんか？

「この人、言葉は丁寧なのに何か感じ悪い……」

「『全く同じ言葉』を言っているのに、なぜかAさんは好印象に見えて、なぜかBさんは非常に不快に映る」

たとえば、「大変申し訳ありませんでした」と丁寧な言葉で謝られているのに、「謝られていない感じがする」「余計に腹が立った」といった経験はありませんか？

なぜこういったことが起こるのでしょうか？

それは、「心の持ちよう」があなたの表情やしぐさ、ちょっとした声のトーンや抑揚などに無意識に表れてしまうからです。

「申し訳ありません」という言葉一つを取っても、「とりあえず謝る」「嫌味で言う」など、その「心の持ちよう」で相手には全く違う印象に映ります。

自覚的にせよ無自覚にせよ、あなたの中に「自己中心的なマインド」があれば、人はそれを敏感に見破ります。

人は「表面的な言葉」だけでなく、「総合的なもの」であなたの話を聞いているのです。

「言葉だけのテクニック」では、人はごまかせません。

これが、**「言い方」の限界**です。

人というものは、そう単純にはできていません。

「言葉だけのテクニック」では、一向にコミュニケーションの問題は改善されないのです。

ですから、もし「こう言えば、うまくいく」という言葉だけのテクニックを期待している方には、本書はおすすめしません。

しかし、「話し方」について、その「本質」から学びたいという方には、ぴったりの本です。

きっとあなたのコミュニケーションを根本から改善し、人生を大きく変えると信じています。

目次　アメリカの中高生が学んでいる話し方の授業

CHAPTER 1

話し方の「マインド」を整える

CHAPTER 2

マインドを「言葉」で表現する話し方

CHAPTER 3

マインドを「言葉以外」で表現する話し方

FINAL CHAPTER

アメリカの中高生が学んでいる「話し方」実践編

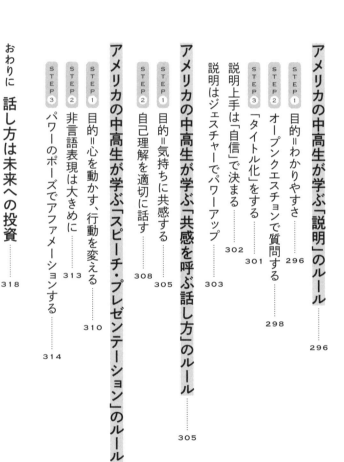

PROLOGUE

アメリカの中高生が学んでいる「話し方」のキホン

「はじめに」では、
アメリカ人のコミュニケーション力の高さは、
「国民性」ではなく、学生時代から「話し方」を
学んでいるからだとお伝えしました。

それでは、私たち「日本人が知っている話し方」と
「アメリカで学ばれている話し方」とは
何が違うのでしょうか。

それが、「はじめに」でお伝えした「マインド」です。

話し方における「マインド」とは何なのか?

CHAPTER1以降で、話し方の「具体的な方法」に入る前に、
PROLOGUEでは「アメリカの話し方」のエッセンスを、
まずは紹介していきましょう。

SECTION 1

アメリカの話し方では、「マインド」を重視する

話し方の「マインド」って何？

私はアメリカ人のコミュニケーションスキルの秘密が知りたくて、実際にアメリカに渡って現地のコミュニケーションのスクールを見て回りました。

日本でも話し方教室がありますが、私が見つけた多くは「言葉の表現の仕方」や

「正しい言葉遣い」などの「言葉のテクニック」について教わることがほとんどでした。

そのため、最初はアメリカのコミュニケーションのスクールでも同じような「スキル」について学ぶものだと思っていました。

それが日本より、さらにテクニカルなのかもしれないと。

ところが、実際に見て回ると、アメリカでは単純に「スキル」を教えているのではなく、コミュニケーションを行うための「マインド」を教えていたのです。

ここまで何度も「マインド」とお伝えしていますが、「マインド」と言われても、イメージが難しいと思います。

話し方における「マインド」とは何なのか？

具体例と共にお伝えしていきましょう。

「この人、言葉は丁寧なのに何か感じ悪い……」の正体

たとえば、誰かに「その服おしゃれだね」と言われたときのことを思い浮かべてください。

言われた相手や、あるいは同じ相手でもその時によって、印象が良く映ったり、反対に悪く映ったりしたことはありませんか？

言葉自体は「その服おしゃれだね」から変わっていないにもかかわらずです。

なぜこのようなことが起こるのでしょうか？

その根本的な原因が、話すときの「マインド」です。

本当に「おしゃれだ」と感じて「その服おしゃれだね」と言うのか。

「実際は似合わないけど、とりあえず褒めて好印象を与えておこう」と考えながら言うのか。

「突っ込まれたくない話があるから話をそらしておこう」と計画しながら言うのか。

「おしゃれがわかっているとアピールをしたい」と思いながら言うのか。


どんなことを考えながら言うのか。

それによって、同じ言葉でも全く印象は変わってきます。

「はじめに」でもお伝えしたように、「心の持ちよう」があなたの表情やしぐさ、ちょっとした声のトーンや抑揚などの「非言語表現」に無意識に表れてしまうからです。


心の内面を隠すために、表情や声のトーンなど「非言語表現」でうまく装うアプローチもできるでしょうが、これはコミュニケーションの本質ではないことがわかります。いわゆる「作り笑顔」がいい例です。

あなたがいくら表面上は良い笑顔を繕っているつもりでも、そこに自分だけの欲求を満たそうとする「よこしまな心」があれば、表情やしぐさなど「非言語表現」に必ず表れます。

笑顔一つにしても、マインドが違えば、「優しい笑顔」「温かい笑顔」「輝いて見える笑顔」や、「愛想笑い」「引きつった笑顔」「冷ややかな笑顔」と表面に表れます。

このように、その笑顔の奥にある微妙な違いを人は敏感に察知します。

「言語表現（言葉）」にせよ「非言語表現（表情やしぐさなど）」にせよ、「人の表面に表れること」は単体で起こっているのではなく、そのときの内面にある感情、思考や欲求、つまりあなたの「マインド」が如実に反映されているのです。

ですから、この「人の表面に表れること」からアプローチをしても、コミュニケーションの問題は根本的には解決されないのです。

スキルがあっても、「自己中心のマインド」はすべてダダ漏れ

日常のコミュニケーションには、こういった「言葉は丁寧だけど感じ悪い」が多く

潜んでいます。

たとえば、カフェで知人を待っていたAさんの例です。

Aさんは知人のために話しやすい席を選んで待っていました。

その矢先、店員さんから、「お客様、あちらの席のほうが日当たりも良く人気の席なので移動されませんか?」と声をかけられました。

そのとき、笑顔で丁寧に言われたにもかかわらず、Aさんは違和感を覚えたそうです。

しかもそれはいい意味での違和感ではなく、悪い意味での違和感。

「不快」という言葉が一番ぴったりな言葉のようです。

席の移動をお願いすること自体が悪いわけではありません。

正直に「団体のお客様がいらしたため、あちらの席にご移動のご協力をお願いできますか?」と言われていれば、Aさんも悪い気はしなかったでしょう。

言葉だけを見ると、店員さんの言葉は丁寧です。

では、なぜ感じ悪く映ったのでしょうか。

それは、この店員さんはおそらく「裏の思惑」を持っていたからです。

「団体のお客さんが来たから、狭い席に移動してもらいたい。でも、その席は周りもうるさいので移動してもらえるかわからない。だから、うまいこと言って移動させよう」と、ほくそ笑む「よこしまな心」があるからです。

はっきり言ってしまえば、自分の意のままに相手をだまして従わせようとしているわけです。

でも実際、席を移動するかどうかを決めるのは、お客さんであるAさん自身です。

この事実を無視して、あたかも「Aさんのためを思っている」かのように言いつつ、内面では「この作戦はうまくいくだろう」という「よこしまなマインド」で話していることを、人は敏感に見破ります。

これが、「この人、言葉は丁寧なのに何か感じ悪い……」の正体です。

アメリカ人が話し方上手なのは「言葉のスキル」ではなかった！

「この人、言葉は丁寧なのに何か感じ悪い……」は、プライベートのコミュニケーションでも起こります。

私の知人Bさんも同じような経験をしたそうです。

Bさんはある日、同僚のCさんから「今度の金曜日に飲みに行きましょう」とスマートフォンにメッセージが送られてきたそうです。

Bさんは了承をし、Cさんのために金曜日の夜の予定を空けておいたそうです。

しかし、直前になってCさんから「金曜日の夜に予定していたけれど、Bさんの予定を考えると、土曜日のほうがよかったですよね。土曜日に変更しましょうか?」とメッセージが来ました。

Bさんはこのメッセージに苛立ちを感じたそうです。

細かな真相まではわかりませんが、おそらくCさんは、当初予定していた金曜日に何か別の予定が入ってしまったのでしょう。

ここまでは問題ありません。

誰にだって予定が重なってしまうことは、あり得ることです。

問題は、そのことを隠して、Bさんのためにわざわざ曜日を変えてあげるかのような押し付けがましいメッセージだったことです。

Cさんの都合が悪くなったにもかかわらず、Bさんに配慮したかのような言い方をしたわけです。

本来ならCさんは正直に、「ごめんなさい。こちらから提示した日程なのに、私の都合で申し訳ないですが、土曜日に変えてもらうことはできますか?」と言えばよかったのです。

絶対に自分は謝りたくない。
自分勝手だと思われたくない。
後から入ってきた別の予定よりBさんとの予定の優先順位が低いことがバレたくない。
責められたくない。
貸しを作りたくない。

その理由はわかりません。もしくはこのすべてが含まれているかもしれません。
いずれにせよ、Bさんは Cさんのことを「感じが悪い」と思ったそうです。

あなたの周りにも、「君のためを思って言っているんだ」と言う上司や、「あなたのためを思って言っているのよ」と言う友人やパートナー、親御さんがいるかもしれません。

本当に「あなたのため」でしょうか？

もちろん、本当にあなたのことを思いやって言っている場合もあるでしょう。

しかし、「目の前の相手（あなた）を、自分の思う通りに操ろう」として、「自分のため」に言っている可能性もあるのです。

「マインド」が相手に対して不誠実であれば、それは「不快」に映ってしまいます。

あなたの「不快」という感覚や小さな感情は重要な真実かもしれません。

人というものは、そう単純にはできていません。

表面上の「言い方」をいくら繕ったところで、「自己中心の心」でいたら、人は必ずそれを見破ります。

人間にはそういった高度な機能が備わっています。

話し方における「マインド」は、まさしくコミュニケーションの本質なのです。

こういった「マインド」はこれまで日本では精神論として捉えられてきましたが、実際には「マインド」は明らかにコミュニケーションの良し悪しを大きく左右します。

コミュニケーションは、「自分のマインド」と「相手のマインド」の対話であり、言葉はその対話を伝えるツールです。

このコミュニケーションにおける「マインド」の重要性に着目し、体系化しているのが、「アメリカの学生が学んでいる話し方」です。

コミュニケーションは「言葉のスキル（テクニック）」だけではごまかせません。

人に好かれる「話し方」は「マインド」を整えることが必要不可欠です。

これこそが、日本ではこれまで注目されてこなかった点であり、コミュニケーションの本質なのです。

コミュニケーションの9割は「マインド」で決まる

誤解のないようにお伝えしておくと、先程の例は、「席の移動をお願いしてはいけない」「予定を変更してもらってはいけない」ということではありません。

人は誰でも自分の意思や要求を表明する権利があります。

「意見を言ってはいけない」ということではありません。自己主張や意見をすること自体は大切なことです。

問題は、「相手をリスペクト」していないことです。

言葉はあたかも「相手のため」なのに、マインドは「自分のため」だからです。

そして、この「よこしまなマインド」は多くの場合、無自覚です。

だからこそ、恐ろしい。

先程の、席を変えさせようとした店員さんも、予定を変えさせようとしたCさんも、自分がまさか「よこしまなマインド」を持っているとは自覚していないでしょう。

だからこそ、「無自覚」なままでいると、それが意図せず、「無意識に」表情やしぐさに表れ、あなたの印象を悪くします。

コミュニケーションの相手は、その無意識の「マインド」を、敏感に見破ります。

反対に、こういう人もいませんか？

・ひねくれた言葉ばかり言っているのに、なぜか愛されるおじいさん
・毒舌なのに、なぜか優しく感じる先生

これがまさに、人のコミュニケーションというものが、「言葉」だけでは説明できないことの証拠です。

いいえ、むしろ、

・言葉は丁寧でも、マインドがよこしまだと、不快に映る。
・言葉は雑でも、マインドが整っているから、好印象に映る。

ということから、コミュニケーションにおいては何よりも「マインド」のほうが重要だとわかります。

「コミュニケーションの9割は『マインド』で決まる」と言っても、決して過言ではないのです。

話し方の「マインド」には方法論がある

ここまで読まれたあなたは、

「マインドが大事なのはわかったけど、でも具体的にどうしたらいいの？」

と思ったのではないでしょうか。

安心してください。

その方法論をCHAPTER 1に体系化しています。


ここで先にその軸を簡潔にお伝えすると、コミュニケーションをするときに大切なのは、

・「自己中心のマインド」を自覚する
・「自己中心のマインド」を、「相手中心のマインド」に変える

ということです。

先程、多くの人の場合、よこしまなマインドは無自覚である、とお伝えしました。

その大半が、**「自己中心のマインド」**です。

話をするときに、「相手中心のマインド」がないと、コミュニケーションが大きく変わってきてしまいます。

このように思われたいと思ったことはありませんか？

・すごいと言われたい
・嫌われたくない
・賢いと思われたい
・無能だと思われたくない
・面白いと思われたい
・無下に扱われたくない
・自分をわかってほしい
・仕事ができると思われたい
・良い人だと思われたい
・嘘つきだと思われたくない
・人気者だと思われたい
・センスがいいと思われたい
・気が利く人だと思われたい

・心が狭いと思われたくない
・優しいと思われたい
・わがままだと思われたくない
・あなたが必要と言われたい

こういった「他人から認められたい」という欲求を持つことは自然なことですが、「自分だけのため」のマインドでコミュニケーションをすると、簡単に違和感を与えます。

たとえば、「誠実だと思われたい」という承認欲求を「自己中心のマインド」で「生まれてから一度も嘘をついたことがない」と表現したとしたら、相手は「きっとこの人は誠実に思われようとしているんだな」と受け取るでしょう。

さらに、「何か裏があるから誠実なふりをして私を騙そうとしている」と深読みをする人もいるかもしれません。

これこそが「不快」な感じを生む原因です。

これを「自覚」できるだけで、あなたのコミュニケーションは劇的に改善されますし、逆に言えば「自覚」ができていないと、いくら言葉をきれいにしても「違和感」は拭えないでしょう。

そして、「自分は今、自己中心的に考えてしまっている」ということが自覚できたら、それをマネジメントし、**「相手中心のマインド」**に変えることができるのです。

その具体的な方法を、CHAPTER 1にまとめています。

しかし、ここまで「マインド」を中心に話をしてきましたが、これは「スキル」が大事ではない、ということではありません。

むしろ、「マインド」が管理されてこそ、「スキル」が活かせるのです。

CHAPTER 1「話し方の『マインド』を整える」に入る前に、まずはこのことに触れておきましょう。

SECTION 2

「マインド」があるからこそ「スキル」が活きてくる

「マインド」と「スキル」の両方を改善する

アメリカ人の話し上手は、「スキル」ではなく「マインド」に理由があることがわかりました。

そのために、アメリカのコミュニケーションのスクールでは「マインド」のマネジメントのトレーニングを大切にしています。

中でも私が驚いたのは、２人組での挨拶のトレーニングで、生徒がクラスメイトに挨拶の声をかけた後、講師が

「挨拶をしたとき、あなたはどんなことを考えていましたか?」

と尋ねていたことです。

表面上の言葉よりも、「そのときどう思いながら話したか」にフォーカスをするのです。

私は、これまでの挨拶は礼儀として、行うべき習慣として行っていたと気づきました。つまりは「やり方」に焦点を当てていたのです。

アメリカでは挨拶そのものよりも、挨拶するときのマインドを重視します。

だからと言って、「スキル」が大切ではない、ということではありません。

先程の

・ひねくれた言葉ばかり言っているのに、なぜか愛されるおじいさん
・毒舌なのに、なぜか優しく感じる先生

の例のように、確かに「マインド」が整っていれば、言葉が雑でも印象はある程度良くなります。

このような人は、「スキル」が伴っていないだけで、「マインド」は整っているから、最初は誤解されやすいのですが、よくよく話してみたらとてもいい人だったということがあります。

ただ、このような人は表現のスキルが未熟なことで、損をしていることが多く、とてももったいない状態にあると言えます。

マインドだけ整っていてもうまくいかないということです。

「マインド」と「スキル」の両方が改善されるからこそ、あなたのコミュニケーション力は最大の力を発揮します。

「マインド」を表現するツールが「スキル」

たとえば、「感謝の気持ちを伝えたい」という「マインド」を持っていても、「お礼の言葉」をうまく言えないのであれば、相手に感謝の気持ちは伝わらないことが多いでしょう。

感謝しているのに相手に寂しい思いをさせたり、「迷惑だったのかな」と勘違いされたり、お礼の言葉が欲しい人からは腹を立てられたりしてしまうかもしれません。

つまり、「マインド」を表現するツールが「スキル」だということです。

この構造を理解できていないと、相手にも誤解や不快感を与えてしまいます。

伝え方のスキルで誤解されてしまった次のようなケースがあります。

同僚の集まりで、Dさんのお祝いにみんなで集まろうという話になり、スケジュールを決めていた際、Eさんが、

「みんなが決めていただいた日程で大丈夫です。その日が空いていたら出席します」と返事をしたところ、お祝いの席に行きたくない断り文句だと他の同僚に受け取られてしまいました。

本当は、Ｅさんはすごく行きたいと思っていたそうですが、「両親の介護があって、日程を調整しづらい状況にあり、みんなに迷惑をかけたくないので私のことは気にしないで日程を決めてほしいと思っていた」ようです。

Ｅさんは言い方のスキルが足りないために思っていることが上手く表現できず、結果的に嫌われてしまいました。

「話し方のスキル」は2つに分かれる

ここまで、話の便宜上、「話し方のスキル」を「言葉のテクニック」という意味合いで使用してきました。

しかし、厳密には、「スキル」は2つに分かれます。

「言語表現」と「非言語表現」です。

「言語表現」とは、

「○○さん、この仕事やって」

と言うのか、あるいは、

「○○さん、この仕事お願いしてもいいかな？」

と言うのかという、まさに「言い方」の話です。

ここにも当然ながら方法論があります。

そして、「スキル」のうちのもう一つが「非言語表現」です。

「非言語表現」とは、「言語表現」以外であなたの気持ちや考えを伝えるツールです。

たとえば、表情はその一つです。

言葉がなくても、あなたが笑顔で接すれば、「好意的」ということが伝わりますし、ムスッとしていれば「不機嫌」なことが伝わります。

表情以外にも、しぐさ、ちょっとした声のトーンや抑揚なども同じく「非言語表現」です。

実際、マインドは「非言語表現」に強く表れます。

たとえば、「さすがですね。素晴らしい！」と言葉上は褒められているのに、酷くバカにされた気がするということはありませんか？

このような場合は、褒めている側のマインドに「とりあえず褒めておけばいいか」とか、「形だけでも褒めておけば気を良くするだろう」、あるいは「褒めてあげる余裕を見せて、私のほうが優れていると分からせよう」などといったマインドがあるわけです。

このようなマインドは、言葉の抑揚や表情、声のトーン、態度などに漏れてしまいます。

そして、褒められた側もその漏れた部分を敏感に感じ取ってしまうものです。

だからこそ、伝わってしまうのです。


ここまで話しかける側のマインドについて見てきましたが、聞き手側でもマインドは重要です。

つまり、人の話を聞こうという姿勢が必要です。

実際、皆さんも話をしているのに、「ああ、この人は私の話をちゃんと聞いていないな」と気づいてしまうことがありませんか？

そのようなときは、聞き手である相手側に、話を聞こうとするマインドがないのです。

ですから、他のことを考えていたり、上の空になってしまったりして、それが無自覚に「非言語表現」に表れてしまいます。

いずれにせよ、それは相手に見破られてしまうのです。

アメリカの中高生が学ぶ話し方「3つの柱」

コミュニケーションは「マインド」と「スキル」に分かれます。

そして、「スキル」には「言語表現」と「非言語表現」があります。

このことから、**コミュニケーションを良くするために必要なことは、「マインド」「言語表現」「非言語表現」の3つを改善することです。**

そして、この3つこそが、まさに「アメリカの中高生が学ぶ話し方」の柱なのです。

62ページの図表1のように、「マインド」が土台にあり、その上に「言語表現」と「非言語表現」があるという関係です。

本書では、CHAPTER 1以降でこの「マインド」「言語表現」「非言語表現」の3つを解説していきます。

す。

3つの柱① マインド

これまでもお伝えしてきたように、話し方において最も重要なのが「マインド」です。

・言葉や態度は丁寧なのに、なぜか感じが悪い人
・言葉は雑でそっけないのに、なぜか良い人そう

こういった人が現実に存在する以上、人のコミュニケーションにおいて最も重要なのが「マインド」と言えるのではないでしょうか。「マインド」が整っていなければ、いくら「スキル」を繕ったところで、印象は悪く映ってしまいます。

この後のCHAPTER 1では、この「マインドを整える方法」をお伝えしていきます。

では、「マインドを整える」とはどういうことなのか？

先程もお伝えしたように、「感じが悪く映る」とき、「マインド」は「自己中心」の状態にあります。

図表1 アメリカの中高生が学ぶ話し方で重要な「3つの柱」

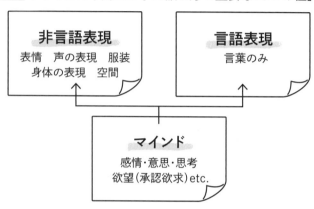

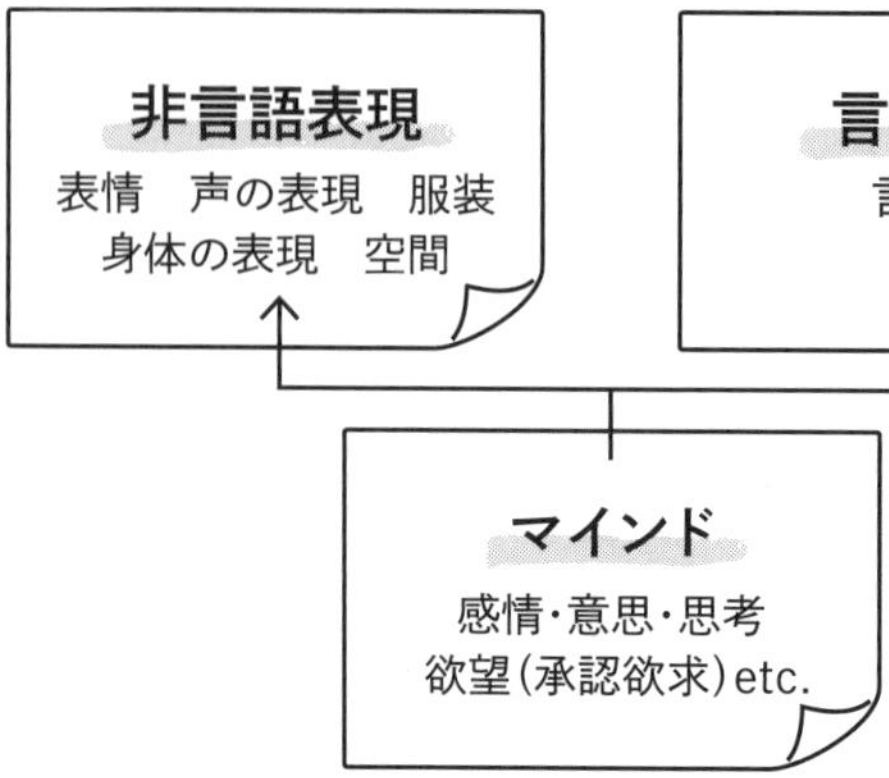

・私は絶対に間違えていない
・褒められるのが当然だ
・自分が間違っていても謝りたくない
・責任を取りたくない
・おいしいとこ取りをしたい
・相手には無償で協力してほしい
・同情させたい
・今、かまってほしい
・お金を払いたくない
・自分に合わせてくれないと嫌だ
・相手を自分の思う通りに操りたい
・得したい

このような「よこしまなマインド」は、相手から見抜かれてしまいます。

そして、**このような「よこしまなマインド」は、ほとんどの人が無自覚です。**

ですから、まずは自分の「よこしまなマインド」を自覚するということから始めます。

少し難しい用語にはなりますが、このことを別の言葉で**「メタ認知」**と呼びます。

皆さんも「優秀なビジネスパーソンは、『メタ認知』ができる」と聞いたことがありませんか?

「メタ(meta)」とは、英語で「上から見る」といった意味合いです。

「メタ認知」とは、「自分を上から見ているような状態」で、「自分の思っていることを、自分できちんと認知している状態」、「客観視すること」です。

そもそも、自分のマインドの中に無意識にある「よこしまなマインド」を自分でしっかりと認知できなければ、改善のしようがありません。

そして、そういった自分の中の「よこしまなマインド」に気がつかない人は、いつまで経っても「何か感じが悪い人」になってしまいます。

まずはこの「よこしまなマインド」を自分で認知する方法を学びます。

その後、自覚ができたら、その「よこしまなマインド」にストップをかけ、「相手中心」のマインドに変えていきます。

しかし、過度に「相手中心」になりすぎると、自己犠牲になるため注意が必要です。「相手中心」とは、相手のいいなりになることではありません。自分軸をしっかりと持ち、相手をリスペクトしながら、バランスを保ちましょう。

自分を尊重し、同じように相手も尊重する姿勢をもって、自他尊重ができる「マインド」になってください。

ここまでの方法をまとめたのがCHAPTER 1です。

3つの柱② スキル：言語表現

「アメリカの中高生が学ぶ話し方」の2つめが、「言語表現」です。

これまでもお伝えしてきたように、「言語表現」とは「あなたが発する言葉そのもの」であり、「言い方」のスキルです。

この「言語表現」を改善するのが、CHAPTER 2です。

では、「言語表現を改善する」とは具体的にどういったことなのでしょうか。
本書では、主に**「あいづちの言葉」**を学んでいきます。

「あいづちの言葉」とは、相手の話を聞いているときの「あいづち」です。
たとえば、

・「うん」「そうだね」「へえ」「本当に？」
・「なるほど」「それで？」「つまり？」

など、相手が話しているときに、あなたが打つあいづちです。

「あれ？『言語表現』って、あいづちだけ学ぶの？」と思ったでしょうか。
しかし、この本のゴールは、「あなたの印象が良くなること」、そして、「共感して人が動いてくれるようになる」ことです。

そのためには、まずはあいづちを習得することが結果に出やすいのです。

なぜなら、人は話を聞いてもらいたい生き物だからです。

もし、あなたが人から好かれて、人間関係を良くしたいと思っているのであれば、基本的には「自分が話す側」ではなく、「相手の話を聞く側」になってください。

「自分の話を聞いてほしい」というのが「相手が求めていること」ですから、あなたが「話を聞く側」に回ったほうが、確実に好かれます。

だからこそ、「話し上手」になるには、「聞き上手」になるのが一番なのです。

ですから、「聞き上手」になるために、「言語表現」のCHAPTER 2では、主に「あいづち」を学びましょう。

あいづちがうまくなることで、ぜひ好かれるあなたになってください。

3つの柱③　スキル：非言語表現

「アメリカの中高生が学ぶ話し方」の3つめが、「非言語表現」です。

「非言語表現」とは、声の質や大きさ、抑揚・トーンなどの話し方のように相手の「聴覚」に向けて伝えるものと、ジェスチャーや表情・しぐさや姿勢など「視覚」に向けて伝えるもので、「言葉以外」のことです。

また、服装や髪型、メガネ、アクセサリー、そしてメイクなども非言語表現であり、わかりやすく言うと言語表現以外の表現はすべて非言語表現と言えます。

「非言語表現」がいかに重要かを示す研究として、「メラビアンの法則」が有名です。メラビアンの法則とは、アメリカの心理学者であるアルバート・メラビアンが行った実験により明らかになった話の受け止め方の法則です。

その研究によると、人はコミュニケーションを取る際、言語自体がわずか7％で、聴覚情報が38％、視覚情報が55％で情報を解釈するそうです。

人は情報を言葉で理解すると思われがちですが、実は聴覚情報と視覚情報の合わせて93％の非言語表現で情報を受け取っているということです。

つまりは「非言語表現」で情報を解釈しているということです。

ですから、**実は「スキル」の1つめの「言語表現」よりも「非言語表現」のほうが重要です。**

重要度で言うと、「マインド＞非言語表現＞言語表現」となります。

CHAPTER 3では、あなたの人間関係を円滑にするための「非言語表現」の方法論をお伝えしていきます。

以上が「アメリカの中高生が学ぶ話し方」の3つの柱です。

まずCHAPTER 1では、話し方の「マインドを整える方法」から入っていきましょう。

CHAPTER 1

話し方の「マインド」を整える

PROLOGUEでは、「アメリカの話し方」には、
「マインド」「言語表現」「非言語表現」の
3つの柱があるとお伝えしました。

そして、この中で最も重要なのが「マインド」です。

なぜなら、どんなに丁寧な言葉で繕っても、
どんなに笑顔を作っても、
あなたが「心の底で思っていること」は
必ず相手に伝わってしまうからです。
しかも、それは「無自覚」だからこそ、恐ろしい。

では、具体的にマインドをどのようにすればいいのか。
CHAPTER1では、3本柱の1つめである
「マインドの整え方」を紹介していきましょう。

SECTION 1

嫌われてしまう原因は、「自己中心のマインド」

「自己中心のマインド」は必ず漏れてしまう

これまでもお伝えしてきたように、「自己中心のマインド」を持っていると、それは特に非言語表現に滲み出てしまい、相手にネガティブな印象を与えます。

自分のマインドを隠そうと、きれいな言葉で取り繕ったとしても、その試みは相手に伝わってしまい、余計に嫌悪感として人に映ります。

それが無自覚に潜んでいる場合は、いくらきれいな言葉を並べても、その印象をごまかすのは難しいでしょう。

PROLOGUEでもお伝えしたように、「自己中心のマインド」は無自覚だからこそ恐ろしいのです。

「自己中心のマインド」があることについて指摘しても、多くの人は「まさか誰かをコントロールしようだなんて思っていませんよ」と言います。

しかし、そう人に映っているときのほとんどは「自己中心のマインド」が必ずあなたの中にあります。

「自己中心のマインド」がないのではなく、あなたの中に確実にあるのに、その気持ちが微細（ミクロ）すぎて気がついていないことが多いのです。

ですから、まずは自分の中にある「微細な気持ち」に注意を払い、自覚的になりましょう。

そして、その自覚した「自己中心のマインド」を、自分を尊重しながら「相手中心のマインド」に変えていくのです。

目指すは、アサーティブマインドです。

これはアメリカのコミュニケーションで重視されていることで、「自分も相手も大切にする」ことです。

その方法を本CHAPTERでお伝えしていきます。

「自己中心のマインド」の9割は「承認欲求」

それでは「自己中心のマインド」とは何に由来するのでしょうか。

それは承認欲求に由来します。

承認欲求とは、自分のことを存在価値があると肯定したい、他者から認められたいという願望です。

・尊敬されたい

・好かれたい
・賢いと思われたい
・才能があると思われたい
・面白いと思われたい
・信頼されたい
・理解されたい
・仕事ができると思われたい
・良い人だと思われたい
・誠実だと思われたい
・支持されたい
・センスがいいと思われたい
・気が利く人だと思われたい
・人間的に器が大きいと思われたい
・優しいと思われたい
・自己中心でいたい

・価値があると思われたい

こういった欲求が承認欲求です。

しかし、厳密に言うと、こういった欲求を持つことそのものは悪いことではありません。

他者から承認されれば誰もが気持ちいい、嬉しいと感じるでしょう。自信がないとき、この「承認」が自分の自己肯定感を高める助けになり、勇気やモチベーションを与えてくれることがあります。

人間ですから、欲求は必ず存在します。欲求があるからこそ、人は成長できるのです。

では何が問題なのでしょうか。それは、「思わせよう」とすることです。

・尊敬させよう

・好きと思わせよう
・賢いと思わせよう
・才能があると思わせよう
・面白いと思わせよう
・信頼させよう
・わからせよう
・仕事ができると思わせよう
・人格者だと思わせよう
・誠実だと思わせよう
・人気があると思わせよう
・センスがいいと思わせよう
・気が利く人だと思わせよう
・人間的に器が大きいと思わせよう
・優しいと思わせよう
・思い通りに操ろう

・価値があると思わせよう

欲求を持つことそのものはいいのですが、その欲求を満たすための過度な行動で、相手が強要されている、支配されていると感じたり、意図的に利用されていると思えば、人に嫌われてしまいます。

ほのめかしたり、匂わせたりすることも人には不快に映る場合があるので気をつけましょう。

人はコントロールされることに非常に嫌悪感を感じます。

本来、あなたのことをどう思うかは、相手の「自由」です。にもかかわらず、無理に「思わせよう」とすることは、相手の決定権を奪うことになります。

そうして、相手の判断の自由を奪い、コントロールしようとするからこそ、過度に「思わせよう」とすることは印象を悪くします。

それは、仕事の武勇伝を語りたがる人、過去の栄光を語る人などに多く見られます。

そういった人から、何か違和感を感じたことはありませんか？

「仕事ができる人」「すごい人」と「思わせよう」としているからかもしれません。

もし、あなたが好かれたいと思っているなら、あなたの願望を相手がどう捉えるかは相手に任せましょう。

そのためには、自分の欲求に自覚的になることが大事です。

その欲求を満たそうとしている「自己中心のマインド」にも自覚的になる。

それこそが、好かれるコミュニケーションのための第一歩です。

「承認欲求をマネジメントできない」から嫌われる

承認欲求に注目すると、会話の中で自分や相手のマインドが見えてきます。

自分の承認欲求をマネジメントするためには、まずは無自覚の欲求に気づく必要があります。

無自覚から自覚に変わるだけでコミュニケーションは変わり始めます。

承認欲求のマネジメントを始めるために、「承認欲求をマネジメントできていない5つのNG例」を見ることで自分自身の経験を振り返り、メタ認知をしてみましょう。

NG 1 自分の話ばかりをする

いわゆる「会話ジャック」と呼ばれている行為です。

「自分の話を聞いてほしい」という承認欲求を抑えきれないことから生じてしまいます。

人が何かを話している途中で話の主導権を自分側に奪ってしまったり、自分の話にすり替えたりしながらトータル的に自分の話ばかりする行為です。

また、会話ジャックは、自分が話したいことを言わなければと必死になっていて、相手の話を真剣に聞いていないときにも起きます。

自分の話ばかりして人の話を聞かない、自分の話をするときはイキイキと話すが、人の話を聞くときはスマホをいじっていたり、つまらなそうな態度を取ったりするのです。

皆との会話の時間を自己中心的な時間として独占しているのです。


自分の話したいことを話してはいけないわけではありません。

しかし、**話す時間配分とタイミングの取り方は重要です。**

人には誰もが「自分の話を聞いてほしい」という欲求があるためです。

それなのに自分のことばかりを話してしまうのは、相手のことを考えていないことになります。


コミュニケーションを取るときには、「相手が話す時間」と「自分が話す時間」の配分とバランスを慎重に考慮しなければなりません。

自分ばかりが一方的に話してはいけませんし、かといって相手ばかりに話させてもいけません。

ただ、どちらかと言えば、相手に多めに話す時間を提供するくらいの気持ちでいるとちょうどいいでしょう。

たとえば「今度三人で会って近況報告を兼ねた女子会でもしない？」と誰かが声をかけて、実際に三人がカフェなどに集まったときに、「ねえねえ聞いてよ」と一人が恋人との別れ話を始めました。

やがて2時間ほど経ち、「二人は最近どう？」と尋ねたときに、別の一人が「ずいぶん長居しちゃったし、そろそろ帰るわ」と言いだしたとします。

この場合、失恋話をした彼女は気持ちがスッキリしたかもしれませんが、他の二人には全く近況報告をする時間が与えられなかったので、「貴重な時間をひとり占めされた」と思われても仕方ありません。

自分の別れ話に夢中になっていた彼女は、相手のことを全く考えていなかったのです。

会話によるコミュニケーションを取るときには、気持ち的には相手6割に対して自分が4割話すくらいを目指しましょう。

もっと好かれたいという場合には、相手が8割で自分が2割くらいを目指します。先程の例のように、三人で会話を行うのであれば、単純に自分の話す量を3分の1にするのではなく、自分は5分の1、他の二人がそれぞれ5分の2になるくらいを目指し、どちらかというと、話すより傾聴する姿勢に重心を置くと、好感を持たれやすくなります。

このような時間配分を行えるようになるためにも、自己中心のマインドではなく、相手のことも考えるマインドを持ちましょう。

話す時間を一人で独占しないことや、他の人の話を聞く時間を自分だけの時間にしないように気をつけましょう。

NG② 相手を都合よく動かそうとする

ある日、友人と過ごしているときの別れ際に、友人が「○月○日の夜、空いてる?」と尋ねてきました。

特に予定はないと答えると、「その日ね、私の誕生日なの」と言ってきました。

このような会話の流れであれば、あなたは「それじゃあ、誕生日をお祝いしなくちゃね。ご飯でも行く？」と言わないといけない雰囲気になりますよね。

すると友人は、「え、いいの？」などと驚いて見せるかもしれませんが、どう見ても、その友人は最初からお祝いしてほしい感を出していました。

この場合、友人は満たされたかもしれませんが、あなたは複雑な気持ちです。無理やり言わされたという気持ちが残るためです。

あなたは、友人の承認欲求を満たす対象に選ばれた可能性があります。

友人は、自分が祝われている絵が欲しかったのかもしれません。

もしかすると今どきなら、レストランであなたと乾杯している写真を撮ってSNSにアップするかもしれません。「お友達に誕生日をお祝いしてもらいました！」とコメントを入れて。

あなたに誕生日を祝わせるだけでなく、人から祝福されている自分を演出し、SNSのフォロワーにも承認されたいという計画があるのかもしれません。

そのようなゴールがあるなら、レストランもある程度高級感があるお店を選ばされ、さらに、あなたはご馳走までしなくてはいけない状況に置かれる可能性もあるのです。

これは、強すぎる承認欲求で自分が理想の主役でないと気が済まず、よこしまな心でストーリーを計画してしまった状態です。

つまり、このエピソードは、自己中心のマインドで人をコントロールしようとすると嫌われる、ということをお伝えしたかったのです。

誰かに何かしてほしいと思うこと自体は悪いことではありません。

直接してほしいことをお願いしたり、相手が自ら望んでしてくれたりすること自体は、相手に不快感を与えていませんので、コミュニケーション上、何も問題は生じないのです。

しかし、相手が望んでいないにもかかわらず、望むことを強制し、そうしたいと言わせたり、行動したりするように仕向ける自己中心のマインドは、嫌われることになります。

つまり、相手のことを考えずに自分だけが得をしようとするマインドでコミュニケーションを行えば、嫌われる可能性が高まるのです。

もう一つ例を出しましょう。

Fさんは何人かの友人たちと合コンに参加しました。

会の中盤でGさんがFさんに何か言いたそうにしています。「ほら、いつもの話をしてよ」と合図してくるのです。

それは、Gさんがいかにお料理上手で家庭的な女性なのかを印象付けるための定番のネタです。

Fさんは心の中で、「え、またあの話をさせられるの?」と気が進みません。

なぜなら、その話を切り出すには不自然すぎるタイミングでしたし、Gさんを持ち上げるだけで、他の誰も楽しくありませんから。

しかし、Fさんが躊躇していると、Gさんが「いつもFさんって私の作ったお弁当を褒めてくれるから嬉しくって……」と話題を持ち出してきました。

Fさんは話さざるを得なくなり、定番ネタでGさんが料理上手なことを褒めました。

この場合も、Gさんの自己中心的なマインドは、Fさんに見抜かれています。もしかしたら他の友人や合コン相手の男性たちからも違和感を持たれているかもしれません。

このとき、GさんはFさんから話題を選ぶ権利を奪っており、どうしても嫌われてしまうのです。

たとえばGさんが、合コンの前にFさんに「途中であの話をしてくれる？　お願い！」と素直にお願いしていたのなら、まだよかったのです。

これは人をコントロールしたのではないからです。

もちろんお願いされたFさんにはGさんを「褒めるネタ」を話さないことを選ぶ権利もあります。

そして「話す」「話さない」のどちらを選んだとしてもGさんはFさんを怒ったり、無理に言わせたりすることはやめておいたほうがいいでしょう。

このように、同じお願いをするにしても、相手の意思や行動を尊重せず、自己中心のマインドで強要すると嫌われることになります。

NG 3 よかれと思ってアドバイスをする

アドバイスとは、助けを必要としている相手に助言を与えることですが、注意が必要です。

人は他人にアドバイスをするとき、いつの間にか「自分が優位に立つために」アドバイスをしていることがあるからです。

無闇にアドバイスをするのは、マウントを取ろうとしていると判断されたり聞き手がすでに知っていることであれば軽視されていると感じ、嫌われる原因になってしまいます。

あるとき、あなたは緊張感の高い仕事が続いたせいで疲れており、オフィスの休憩コーナーで一息入れていました。

すると同僚の一人も休憩にやってきて、あなたの顔を見るなり「お疲れみたいね」

と言います。

あなたは「そうなの、今週忙しくって――」と、この1週間、いかに張り詰めていたのかを話そうとしましたが、同僚が間を置かず話し続けます。

「それ絶対亜鉛不足よ。だから亜鉛が含まれている○○や○○を食べるか、サプリの○○を飲むといいわよ。それから毎日の睡眠時間は最低でも○時間は取らなきゃ駄目よ。ベッドに入る30分前くらいには温めのお風呂にゆったりと入ってね。それから――」

同僚は知っている限りの知識をすべて話そうとしているようです。あなたがなぜ疲れているのかには全く関心がありません。

あなたはただ、どれだけ大変だったかを聞いてほしかっただけなのに。

確かに心配してくれて始まった会話ですので同僚は本当に心配はしてくれているのだと思います。

しかし、気がついたら単なるうんちく自慢になっていますし、話を聞いているうちにあなたよりも知識を持っていることを示してマウントを取ろうとしているようにすら思えてきます。

同僚が自己中心のマインドでコミュニケーションを取ろうとしているために、あなたを余計疲れさせる状況になってしまったのです。

この例のように、自分の知識自慢をしてしまうのは、相手よりも自分のほうが知識において勝っている、優位に立っている、そしてそのことを自慢して相手に感心してほしい、褒めてほしいという承認欲求があるためです。

そしてなぜ、相手から頼まれてもいないのにアドバイスをすることが嫌われてしまうことになるのかというと、実は相手のことを理解しようとしていない、相手のマインドに興味がないことを表してしまうからです。

自分の気持ちや考えをあからさまに無視されれば、誰でも良い気分はしません。

ですから、求められてもいないのにアドバイスを行うことは自重しましょう。いわゆる「余計なお世話」になってしまいます。

それよりも、まずは相手が聞いてほしいと思っていることに耳を傾けるようにしましょう。

NG 4 親切に説明する

「親切に説明する」ことは前項の「よかれと思ってアドバイスをする」に似ていますが、助言のスタイルにすらなっていないところが異なります。

あなたはある会社の経理部に所属しています。

すでに会計ソフトは使用していましたが、新しい税制に対応することも考えて、ソフトの見直しをすることにしました。

そこへちょうどある会計ソフトのベンダーが「ぜひとも私どもの会計ソフトを紹介させてほしい」と営業をかけてきたので話を聞いてみることにしました。

そこで、特に新しい税制への対応状況について聞きたい旨を伝えると、営業担当者が説明を始めました。

「私どもの会計ソフトはウェブブラウザ上で使用できるクラウドサービス方式ですので、貴社の端末にインストールする必要はありません。使用料も月契約か年契約によるサブスクリプション方式になります。サブスクリプションというのは元々雑誌や新聞などの定期購読における支払い方式を示していまして、それが現在ではソフトウェアの定期使用料を支払う方法にも使われるようになったんですね。よく知られているサブスクリプションサービスでは動画配信サービスとか音楽配信サービス、あるいは電子書籍の読み放題などもあり、現在ではソフトウェアのお支払い形式としてはメジャーな方式となっています。また、もっと身近なところでは――」

あなたはそろそろ苛立っているはずです。そしてこう言います。

「そのご説明はもう結構です。サブスクリプションのことはわかっていますから。それより来年度から施行される新しい税制への対応はどうなっているんですか？」

つまり、この営業担当者は、あなたが知りたがっていた肝心の新しい税制への対応状況への説明をせず、親切だと思い込んで何もかも説明をしようとしてしまったのです。

「いい人に思われたい」「仕事ができると思わせたい」「信用されたい」「気が利く人だと思われたい」「知識があると思わせたい」などという承認欲求を満たせるチャンスを待ち望んでいた場合に起こりやすい状況です。

もう一つの例です。

あなたと友人たちが渋谷で集まり、お昼になったのでどこかこのあたりで食事をしようという話になりました。

そこで「メキシコ料理がいいね」と意見がまとまりかけたときです。

当然、渋谷界隈でお店を探そうとなったのですが、友人の一人が次のように話し始めました。

「メキシコ料理いいねー。この間ね、六本木の○○っていうメキシコ料理店で食事したの。それがすごく美味しくて。お店の内装もいかにもメキシコっぽかったし、途中でマリアッチ（メキシコ民俗音楽を演奏する楽団）の生演奏も聞ける……」

[illegible]は一瞬不快な表情をして、「それは素敵ね！」などと口先ではあいづちを打ってはいます。

そして一人が「その店の話は今度にして、今はこのあたり（渋谷界隈）のお店を決めなくちゃね」と本来の目的に軌道修正しました。

これも確かに親切なつもりかもしれませんが、「今、その説明いる？」と思われてしまうでしょう。

この例は「経験豊富と思わせたい」「羨ましがられたい」という承認欲求を満たせるチャンスを待ち構えていたため、キーワードが出ただけでその話の主旨を忘れて話し始めてしまったのです。

承認欲求を自覚していないと、親切で説明しているつもりでも、実は自身の欲求を満たすために話している場合があります。そうすると、相手は知識をひけらかしている、マウントを取っていると誤解するので気をつけましょう。

NG 5 話題を横取りする

これは「会話泥棒」と呼ばれている行為です。

会話泥棒は、相手が主導権を持って話しているときに、相手の発言したキーワードやアイディアを自分が提案した話題のように取り上げて、主導権を自分側に奪ってしまう行為です。

あなたは友人に昨日観に行った映画の話を始めました。

「昨日ね、映画の『バービー』を観に行ったの」

すると友人は間髪を入れずに話を被せてきました。

「私も観たよ！　あの映画面白いよね。もっと子ども向けかと思ってたんだけど勇気もらってさ――」

…してとうと、いかに面白かったか、自分がどの部分に感動したのかなどにつ…た。

…まっていないのに……」と悶々としてしまいます。

…が横取りして自分の話をしてしまってい

友人た…

るのです。

本当は、あなたが話したかったのは、映画を観ている最中に隣の席に座った年配の男性が寝てしまい、いびきをかきながらあなたの肩に寄りかかってきたことが、すごく迷惑だったという話だったのです。

しかし、友人はあなたの話を聞きもせずに、自分の思い込みでテーマを解釈して思いついたことをすぐに話し始めてしまったのですね。

「私も、映画を観た」という同じ経験があることを示すことは問題ありませんが、「私もそれについて話したい」「話したくて我慢できない」「私もその話題なら注目を浴びることができる」という承認欲求を抑えきれないと、まだしっかりと聞いてもいないうちから共感のように見せかけて話し手のテーマを奪い、話し続けてしまうのです。

多くの人がこの友人のように、承認欲求に無自覚で会話泥棒になっていることに気がついていません。

「私も」という言葉だけで相手に共感を示せていると満足しているのです。

結局、相手は自分の話したかったことを話せずに、悶々とした不満を抱え込んでしまいますので、注意が必要です。

その上自分の話をし続けてしまうのは、相手を受け入れていない自己中心的なマインドと捉えられ、相手から好感を得ることは難しくなります。

このようなときには「私も観たよー。面白かったよね。どうだった？」と、自分の経験も共有した上で話のバトンを戻せばよいのです。

「承認欲求」をマネジメントできる者がコミュニケーションを制する

5つのNG例のいずれかを、経験したことがある、自分も誰かにしたことがあることに気づいた人もいるでしょう。

私どものレッスンでは、

「時間配分なんて考えたことありませんでした」

「勝手に説明するのは親切だと思っていたけど相手は迷惑と思ってたかもしれません。勘違いしてました」
「共感できてると思ってましたが、会話泥棒してたことに気づきました」

など、自分の経験の答え合わせをするような感想が挙がります。
「今までの自分が本当に恥ずかしい」と「無自覚」が「自覚」に変わった瞬間に涙が溢れてくる人や、「私、嫌われてるかもと薄々感じてたんですが、嫌われてたに違いないと確信しました。今まで付き合ってくれたみんなに申し訳ない」と原因がわかって反省する人、「よく僕はこういうことやられるんだけど相手はこんなこと考えてたんだ」と大笑いする人もいらっしゃいます。

自分の承認欲求を自覚すると相手の承認欲求も見えてくるようになります。自分の承認欲求をマネジメントすることはコミュニケーションにおいて重要な役割を果たします。

SECTION 2

「自己中心のマインド」を「相手中心のマインド」に変える

自分の承認欲求をマネジメントすることができないと、自己中心のマインドでコミュニケーションをしてしまい、その結果、相手に違和感や不快感を与え嫌われてしまうことがわかりました。

それでは、どのようにすれば「自己中心のマインド」を「相手中心のマインド」に変えられるのでしょうか。

それにはまず、自分軸を置いた上で、相手の価値や意見、感情を尊重することを念頭に置きます。

このマインドセットした「心の持ち方」を意識して、常に相手を尊重しようと会話の途中でも何度も思い出しながらコミュニケーションすることが、「相手中心のマインド」を持つということです。

「相手中心のマインド」を持つことは、健全な人間関係の構築、効果的なコミュニケーションに不可欠です。

そのためには「自分の承認欲求」を自覚してマネジメントし、「相手の承認欲求」に応える必要があります。

順を追って説明します。

「自分の承認欲求」を自覚する

自分の承認欲求を自覚するにはどうすればよいでしょうか。実は自分の承認欲求に気づくことは簡単ではありません。自然には気づきにくいのです。

ですから、コミュニケーションを取っているときは、常に自分のマインドにある承認欲求を自分にあったやり方で探しましょう。

言われたい言葉から逆算する

コミュニケーションにおいて承認欲求を満たすために自分がどんな言葉を求めているのか考えてみる方法があります。「いいね」「すごいね」「正解」「ＯＫ」「ありがとう」「わかる」「大丈夫」「大好き」などの、承認を意味する言葉を言われたいという承認欲求を持っていることに気付くことができます。

たとえば「あの人ってなんかムカつかない？」という話をしたくなったとき、一旦立ち止まって、自分の気持ちを客観視します。

「なぜ私はそのようなことを相手に伝えようとしているのか」理由を考えるのです。

「あの人ってなんかムカつかない？」「わかるームカつくよね！」

「あの人ってなんかムカつかない？」「そうなの。私も思ってた（正解）」というように、この場合は「わかる」「正解」と言ってもらいたいことが多いでしょう。

このように承認を意味する言葉から見つけることができます。

「お願い文」に書き直してみる

漠然と思っていることから承認欲求を見つけるもう一つの方法は、今から相手に伝えようとしている言葉を心の中で丁寧な「お願い文」に書き直してみる方法です。

「あなたもあの人がムカつくと思うなら一緒に悪口を言いませんか？」

「私は、あの人にムカついていますが、あなたもムカつくなら詳細を教えてくれませんか？」

「私が、あの人にムカつく理由を聞いてくれませんか？」

「私は、あの人の意地悪についての分析が優れているので興味があるなら聞きませんか？」

「私は、あの人にムカついたのであなたに愚痴を言ってストレス解消をしたいのですが、聞いてくれませんか？」

もし、このように「お願い文」に変換することができれば、相手に何かしら承認を求めているということになり、相手に伝えたかったことは自分の承認欲求だったのだと気づくことができます。

自分の承認欲求を自覚できるようになると、「自分は間違っていない」「他人を批判することで自分を肯定したい」「悪口で興味を惹きつけたい」というような自己中心のマインドに気づけるかもしれません。

ここまで自分の承認欲求を理解できるようになれば大きな進歩です。

すると「ああ、私は愚痴を言いたかっただけだ。でも他人を巻き込むのはやめよう」という考えになるかもしれません。

また、もしどうしても愚痴を言いたいとわかった場合は「3分愚痴を聞いてもらってもいい？」と素直にお願いするのもいいでしょう。

相手の気持ちや状況などを考えながらコミュニケーションを行えるようになります。

セルフトーク

私どものレッスンでは、皆さんにセルフトークを実践していただいています。自分と自分で対話を行うことで、自分が何を考えているのか、何を思っているのかを掘り下げていく手法です。

このセルフトークによって、自分が発言したことについて、「本当にそう思っているのだろうか？」と自問していきます。

すると、最初は「そう思ったからそう言ったに決まっている」と自信満々だったのが、徐々に「あれ？　本当は違うことを考えていたかもしれない」と自分のことを客観視できるようになっていきます。

「誰のために？」「何のために？」「どうしたいの？」「今？」「絶対に？」「相手は望

んでる？」などなるべく短い質問で自分に問いかけます。

たとえば「あの人なんかムカつかない？」という話をしたくなった場合で、考えてみましょう。

「話したい理由は？」「誰のために？」「自分のため？」「相手のため？」「あの人のため？」などと問いかけているうちに、答えが見えてくるのではないでしょうか。

自己分析の時間を作る

時間があるときや寝る前、自己理解を深めるために、経験したことを振り返り「違和感があった会話」「もやもやした会話」「言われて気持ちが悪かった言葉」について深く考えてみましょう。

瞑想しながらセルフトークをするのもよいでしょう。

違和感があった会話を振り返ったり、普段の口癖を自覚することも自分を知る手がかりになります。

「理想通り」と「思い通り」は違う——「理想通り」に皆に好かれて「思い通り」に人

が動く

まず、「理想通り」に皆に好かれたいと考えるのは健全です。

これは、理想として皆に好かれている状態が目標とされているのであり、そのため自分自身が努力して、皆に好かれるような人になれることを目指します。

つまり、自分が成長していくのですね。

そして理想通りに好かれて人が自発的に協力してくれたり、自分のために動いてくれたりする光景は、まさに人間関係がすべてうまくいっている成功のイメージそのものではないでしょうか。

しかし、思い通りに「人が動く」と、思い通りに「人を操る」には、決定的な違いがあります。

そのため、あなたがどちらを選ぶかで、コミュニケーションの姿勢が変わってきます。

思い通りに「人が動く」とき、協力してくれるかどうかは相手の自主性に委ねられています。

一方、思い通りに「人を操る」というのは、人をコントロールしようと考えている状態です。

このような考えを持っていると、結果的には皆に嫌われることになります。

Hさんが退職することになり送別会がありました。Hさんの理想は涙ながらに引き止められ、名残惜しげに見送られることです。

ところが、行ってみると送別会という体裁のただの飲み会の雰囲気で、それぞれが楽しんでいます。

しかし理想と違うことに腹が立ったHさんは「理想通り」を望み「私が辞めると聞いてどう思った？」「これからほんとに大丈夫？」「私は会社に残ることもできたんだけど……」「あなたが昇進したときのこと覚えてる？　私がさ……」「あのプロジェクトをやり終えてないことが心配で……」などと思い通りの回答を得られるまでみんなに話しかけました。

自分の思い通りに言わせよう、褒めさせようとゴリ押しし続けたのです。

最後には「この送別会の仕切りはどうなの？」「そろそろ私へのメッセージを一人ずつ聞きたいな」などと送別会を仕切りだしてしまいました。

理想と違う現実を思い通りにするために人を「操ろう」としたのです。これは嫌われてしまうことは明白です。

理想通りの送別会ではないとわかったときに、Hさんがそのことを受け入れ、理想通りを諦めることができたら違ったでしょう。

諦められなかったため、どうにか相手を操ってでも理想通りにしようとしたのです。

「自分の承認欲求」をマネジメントする

STEP①で自分の承認欲求を自覚する方法をお話ししました。

そこで、次に、自覚できた自分の承認欲求とどのように付き合えばよいのかについてお話しします。

コミュニケーションとはお願い

まず、自分の承認欲求が自覚できたら、**そのために相手をコントロールしようとするのではなく、お願いするようにします。**

このとき、**お願いしたことを断られたとしても、相手を否定したり怒ったりしないことを先に決めておきましょう。**

結局は、コミュニケーションとは「お願い」なのです。

コミュニケーションを取っているときは、自分は相手から何らかの形で承認欲求を満たしてもらっているのです。あるいは満たされようとしています。

人に好かれる人は正直にお願いできるからこそ、好かれるのです。

たとえば「おはよう」の一言でも、「私はあなたと良好な関係を持ちたい」とお願いしていると言えます。

挨拶することで何か自分にとってプラスになるという期待があるためです。ですから、「おはよう」と言う瞬間にも、瞬時に相手の機嫌を推し量ったりタイミングを見計らったりしています。

例を出すと、友人にお金を借りたいときには笑顔で印象良く「おはよう」と挨拶をして相手の状況を確認するでしょう。良好な関係でないとお金を貸してもらえないためです。

しかし、友人にお金を返したくないときには「おはよう」さえ言わずに、コミュニケーションを取らずに避けるようにするでしょう。

これは極端な例ですが、挨拶や第一声にはどんなコミュニケーションを始めたいのかという明確な意図が込められています。

ですから、自分は相手に対して常に何かしらのお願いをしていることを自覚しましょう。

すると、自然と相手に対して謙虚になれますし、それだけでも相手への接し方が変わってきます。自分のニーズや欲求ばかりを言うようなことはなくなります。

そしてコミュニケーションがお願いだということは、その先のゴールとして、良好な人間関係を構築することが社会的な成功にまで繋がるだろうという期待があります。

仕事でも私生活でも助け合える関係性を作っていきたいわけです。

アメリカの心理学者アブラハム・マズローが唱えた有名な欲求段階理論では、下から「生理的欲求、安全の欲求、社会的欲求（所属と愛の欲求）、承認（尊重）の欲求、自己実現の欲求」がありますが、コミュニケーションで良好な人間関係を築くその先の目的は、社会的欲求（所属と愛の欲求）と、その上の承認の欲求、そして自己実現の欲求でしょう。

ですから、まずは社会的欲求（所属と愛の欲求）を満たすために、人は友情関係や家族関係、恋愛関係といった社会的な繋がりを形成することで幸福感を得ようとします。

このことは同時にストレスを軽減し、精神的な支えを得ることでもあります。愚痴を聞いてもらったり、悩みを相談したり、知恵を借りたりできるようになるのです。

好印象な挨拶は良好なコミュニケーションの出発点です。挨拶を意識的に「お願い」と捉えることで、相手への尊重が生まれます。

打算的にコミュニケーションを取りなさい、と言っているのではありません。よりよい人生を送るためには、コミュニケーションの相手を尊重することが不可欠です。そうすることで、**結局は自分も尊重される**のです。

自分と相手の欲求を半々で満たす

自分の承認欲求をマネジメントするためには、コミュニケーションがお願いであることを理解する必要がありました。

次に、コミュニケーションにおいては自分だけが欲求を100%満たすのではなく、自分と相手とで50%ずつ満たすWin-Winの感覚を持つことが必要です。

これも相手を尊重することです。

あなたは自己主張する権利もあるので自信を持ってお願いをしてもいいのです。

そして、相手にそれを断る権利があることも忘れないでおきましょう。

ですから、すでに例としてお話しした自分の誕生日を祝ってもらおうとした会話でも、相手に言わせるように仕向けるのではなく、相手が断ってもいい状況を作る必要があったのです。

挨拶の場合でも、自分と相手の欲求を半々で満たすことを考えます。その人とコミュニケーションしたいと思って挨拶したのだから、自分がその人を選んで「お願い」したのだと自覚します。

もしも、相手が不機嫌そうに無視しても、それはそのときはあなたを選ばなかったというだけのことです。


ですから、相手に対して怒ったり落ち込んだりする必要はありません。

相手にはあなたを選ばない権利があることを尊重しましょう。

相手にも選ぶ権利を残しておくことがコミュニケーションには必要だからです。

ましてや挨拶を返してもらえなかったことで自分を責める必要はありません。

たまたま相手が不機嫌だったのかもしれませんし、そのときは人とコミュニケーションしたくなかったのかもしれません。

あるいは考え事をしていたのかもしれませんし、トラブルに見舞われている最中で心の余裕を失っていたのかもしれないからです。

あなたのせいではありませんので、笑顔で気持ちよく挨拶することをやめる必要はありません。

どんなに相手が不機嫌でもあなたが仲良くなりたいなら、また次の機会に笑顔で挨拶をしてみるというアプローチをするのもいいと思います。

もし、「あ、今のは挨拶の仕方が下手だったな」と思えたのであれば、自分のことを改善していけばいいだけです。いろいろと試していきましょう。

会話の目的を考える

自分の承認欲求をマネジメントする方法の3つめは、会話の目的を考えることです。

そもそも自分の会話の目的が何なのかを理解し、忘れないことです。

たとえば、相手との会話を盛り上げたいという目的があったはずなのに、自分の自慢話やうんちくを続けてしまい、相手がつまらなそうになってしまいました。

あなたの「知識があると思わせたい」という承認欲求が「話し方」に出てしまった

例です。

このようなときは、会話の目的を思い出しましょう。

会話の目的を思い出すことが、顔を出した承認欲求をマネジメントすることに繋がるのです。

目的を忘れると相手の話を強制終了させてしまう可能性があります。

たとえば相手に「昨日○○という映画を見たんだけど、舞台設定とストーリーが秀逸だったよ」と話しかけられたときに、「ああ、そうなんだ」というそっけない反応では会話が終了し、「あなたの話は聞きたくない」と意思表示したことになるわけです。

もしここで相手を尊重していたならば話をしっかり聞こうとしていたでしょう。「え、どんな映画なの？」と興味を持って返せば、会話は続きますし、相手の承認欲求も満たされ、良好な関係性も保てるでしょう。

もし、会話の目的が「良い人間関係の構築」なのであれば、相手の話を聞くことに注力しましょう。

相手の話に興味を持ったり共感したりするだけでも立派なコミュニケーションが成り立ちます。

そのときに役立つのが、後ほどお話しする「あいづちのバリエーション」です。

会話を続けようとしている人の中には、話題提供さえすればいいと勘違いしている人もいます。ここでも会話の目的を思い出すことをしてみましょう。

例えば、デートで動物園に来て猿を見ながら「猿がいるね」といった事実のみで話しかけると、相手も「そうだね」と返すしかなく、会話が終了してしまいます。「猿がいるね」といった事実のみ投げられた方は、楽しい会話をするために、事実から会話を膨らませようと負担ばかりが大きくなってしまい、良好な関係性を築く目的には遠い結果になります。

この会話でもお互いが気にならなければよいのですが、目的を思い出しましょう。楽しくて盛り上がる会話をすることが目的の場合は、「猿がいるよー。表情豊かで可愛いね」などと自分の感想を付け加えることで、楽しい会話に展開する可能性が高まります。

目的関係なくどうしても「自分の話したい話題」で熱く語りだしてしまうという人は、その場の状況に注意を払うことを意識してください。

あなたが入れ込んでいる分野について熱く語ってしまいそうなとき、今は快く聞いてもらえる状況なのか、今は聞きたくないと思われているのか、冷静に判断するように心がけてください。

たとえば、ミステリー小説の話になると延々と熱く語ってしまう人であれば、今は皆がミステリー小説に関する知識を共有できているのか、ミステリー小説に関して興味を持っているのか、そもそも全く別の話題で盛り上がりたい雰囲気になっているのではないかなど、相手の様子を観察する必要があります。

それは自分が暴走してしまう話題が何なのかを自覚するように心がけるしかありません。

相手を尊重し、会話の目的を意識することで自分の承認欲求をマネジメントしていくことに繋がるのです。

「相手の承認欲求」に応える

SECTION 1で自分の承認欲求には様々な欲求があるとして、代表的な承認欲求を以下の通りに挙げました。

・尊敬されたい
・好かれたい
・賢いと思われたい
・才能があると思われたい
・面白いと思われたい
・信頼されたい
・理解されたい
・仕事ができると思われたい
・良い人だと思われたい

・誠実だと思われたい
・支持されたい
・センスがいいと思われたい
・気が利く人だと思われたい
・人間的に器が大きいと思われたい
・優しいと思われたい
・自己中心でいたい
・価値があると思われたい

相手の承認欲求も同じです。

つまり、相手もあなたと同じ承認欲求を持ち得るのです。このことを念頭に置いて本項を進めましょう。

思い込みにとらわれないためのコツ

相手もあなたと同じ承認欲求を持ち得るのですが、今、どんな承認欲求を持っているのかはわかりません。自分と同じだと決めつけてはいけません。人はどうしても、相手も自分と同じだと思いたくなるのですが、どの欲求が強いかは人それぞれですし、状況によって変化しています。

ですから、会話をする際には、相手に対する思い込みを取り除くように注意しましょう。

人に「パーティーにご招待するのでぜひ来てください」と言われて「嬉しいです。ありがとうございます」と無料招待だと思って行ったら、実際は有料で相手はパーティーに呼ぶことを「招待」と指していた、というのは思い込みです。

どれほど人が思い込みで会話をしているのかについて、よく取り上げられる次のような例があります。

あなたと会話をしている相手が、「実は私、来週結婚するんです」と言ったとします。

これに対して多くの人が、「おめでとうございます!」と反射的に言ってしまうでしょう。これは、結婚することはめでたいものだ、という思い込みによる発言と言えます。

相手も「そう言われるだろうな」と思っているので、特に険悪な空気になることは少ないのですが、本当のところ相手は「私の正直な気持ちはわからないでしょ」とか「実は結婚したくないんだけど……」と思っている可能性もあります。

浮かれている様子を感じ取った場合は「おめでとうございます」と祝福してもよいでしょうが、そうとは限らないのです。

最近、私の後輩が不満げに話をしてきました。友人が会食のためにスタイリッシュなフレンチのお店を選んでくれたので、「素敵なお店を選んでくれてありがとう」と感謝の意を伝えたら、その友人が後輩に言ったそうです。

「あなたもこれくらいのお店に来たほうがいいよ」

素敵なフレンチのお店に行ったことがないと決めつけられたのです。

「友達だと思ってたのに、素敵なお店には縁がない『ダサい奴』とずっと下に見られてたなんて、惨めな気持ちでいっぱいです」と、過去の関係まですべてを疑ってしまっているようでした。このような思い込みで人間関係が傷ついてしまうことがあるのだな、と改めて私も人に対しての思い込みには、注意しなければならないと感じました。

さて、それでは先程の「実は私、来週結婚するんです」という言葉に対して、思い込みのない言葉をかけるとしたらどのような言葉が考えられるでしょうか。

一つの例としては、「えー！　もうすぐですね。今、どんなお気持ちですか？」と状況を聞いて、相手が「とっても幸せな気持ちです」と答えれば、そこで初めて「おめでとうございます」と言うことをおすすめします。

「なぜかとっても不安なんです」と返ってきたら、「そうなんですね。生活環境も変わりますしね」と共感すると相手を中心とした会話が展開していくでしょう。

会話の中で思い込みにとらわれないためのコツは、相手の様子をしっかり見ながら相手の言うことを一旦受け止めることです。

そして、述べられた事実に対してのみ理解したことを示すのです。

憶測で相手の気持ちを代弁してはいけません。

憶測をせずに、相手に質問して確かめたほうがよいのです。

「どんな状況でしたか？」や「どんなお気持ちですか？」などと尋ねましょう。

普段から会話が始まったら「一旦事実だけを受け止めよう」と自分に言い聞かせる習慣を付けましょう。

「自分をわかってほしい」という欲求

相手の承認欲求に応えるためには、一旦相手が言った事実を受け止めることだとお話ししました。しかし、しっかりと受け止めたとしても、事実だけでは承認欲求が理解できない場合もあります。

実は相手自身も自分の気持ちを客観視できておらず、自己理解できていないことも多いのです。相手が理解してほしいのは「自分をわかってほしいという欲求」という可能性を考えましょう。

「自分をわかってほしいという欲求」とはわかりにくいかもしれません。

そもそも、本人ですら明確に理解できていない欲求について、聞き手が理解することは困難です。

ですから、聞き手にできることは、「相手を理解しようと努力している姿勢を見せる」ことです。


ある夫婦がいます。

妻は専業主婦でいつもなら料理は妻がつくっているのですが、その日はスーパーでお惣菜を買ってきて済ませました。

夫が帰宅し、「あ、今日はスーパーのお惣菜なの？」と聞いたら妻は「今日は、いろいろ用事があってドタバタしてたの」と言いました。

夫はお惣菜を食べるなら自分で作りたいと心の中で思っています。

ここで寛容な夫であれば、「あ、そうなんだ。まぁ、いいか」で諦めるでしょうが、「いやいや、それと夕食とは関係ないだろう」と文句を言う夫もいるかもしれません。

しかし、ここは一旦受け止めましょう。妻の言葉が適当な言い訳に聞こえるかもしれませんが、ここはひとまず妻に共感する必要があるのです。

つまり、「そんなことがあったんだ。それは大変だったね」と共感し、次に「どんなことがあったの?」と聞いて理解する姿勢を見せましょう。

その後です。「そういうときは電話くれたら、僕が作るから電話してよ」と言うのは。

ここでのポイントは、一旦共感してから、自分の意見を伝えることです。

相手を一旦受け止めてから、自己主張もする。

自己主張をしないでいるとイライラが蓄積されてしまい、思わぬときに別の言葉で相手を傷つけてしまう恐れがあります。

「あのときだって、黙って聞いてあげたじゃないか!」というように。

妻のほうも、夫が黙っていれば、「しめしめ、こういう適当な言い訳をすればいいのか」、と高を括るようになっていくかもしれません。

だから大事なのは自他共に尊重することを意識し、相手の承認欲求に応えることです。

好かれたければ、とにかく「承認欲求に応える側」に回る

相手の承認欲求に応えるためには、思い込みにとらわれずに一旦事実だけを受け止めてから、「自分をわかってほしい」という相手の欲求に共感することが大切でした。そして、共感を示してから自分の意見を伝えることで相互理解ができるようになります。このようにして相手の承認欲求に応えることができれば、相手から好かれるようになるでしょう。

さらに、より深いコミュニケーションを目指すには、相手の「感情」を理解してほしいという欲求にも応えていく必要があります。

相手の「感情」を理解するためには、「共感」と「同感」を見極める必要があります。

「共感」と「同感」は違う

私たちは、相手の話に、ついついすぐに「私もそう思う」と言ってしまいがちで

す。仲が良い相手には合いの手のように使っている人もいるでしょう。

「私も同じ意見や感情を持っている」という意味で、これは「同感」になります。

しかしこの「同感」は危険な場合があります。

なぜなら同じ意見や感情ではないときにも使ってしまいがちだからです。

あなたも本心ではそう思っていないのに、「そう思う」とついつい言ってしまいませんか?

そうすると、相手は「この人は自分と同じことを感じたり考えたりしていたんだ」とあなたのその言葉を信じてしまいます。

もし、あなたが相手のためと思っていたり、「相手が言って欲しそうだから」という理由で言っているのであれば、実はあなたの奥底には「嫌われたくないからとりあえず『そう思う』と言っておこう」というマインドが隠れているかもしれません。


つまり、これも自己中心のマインドなのです。

また、同感を示しているときは相手に忖度している場合もあるのです。

たとえば「合わせておかないと悪い気がする」、「嫌われたくないから自分の意見を言わないでいよう」、あるいは「自分にとって有利だから賛同しておこう」と思っている場合があります。

同感は過度になりすぎたり、本当はその意見や感情が違う場合は慎重に言葉にするべきです。

実際には十人十色と言われるわけですから、そうそう感じ方や考え方が全く同じことはありません。

しかし、同じ共同体への帰属意識があると、本心は違うけれどもとりあえず同意しておくのが無難だろうと思ってしまいます。

同感とは同じ思いや考えであることを示すわけですから、安易に同感してしまうと、相手は同感してくれた人に依存する場合もあります。

そのため、その後も常に同じ思いや考えを示せていないと、一気に人間関係が悪くなってしまいます。

「ダイエットは絶対無理」だと同感していた友人がほっそりして現れたら「同感して

くれていたんじゃなかったの？」「裏切られた」「騙された」と思うかもしれません。

つまり、同感ばかりの関係では、本当の信頼関係は築けません。

一方、共感は、「あなたと私は意見は異なるけれども、あなたの思いや考えを理解しましたよ。そしてその思いや考えを尊重します」という意思表示になります。

つまり、共感の関係であれば、お互いを尊重し合えますので、その後で意見が合わないことがあっても、信頼関係には影響しにくくなります。

まとめると、**同感は「あなたと私は感じていることや考えていることが一緒ですよ」**と意思表示しているのに対し、**共感は「あなたと私は感じていることや考えていることは違うけれども、あなたが感じていることや考えていることを理解しているし、尊重していますよ」**となります。

たとえばあなたの上司がある社員を机の前に呼び寄せて、叱っていたとします。

それを見たあなたの同僚が、「ああいう叱り方って見ていて腹が立つ」と言いました。

このとき、あなたが、「わかる、腹が立つね」と言えば、これは同感したことになります。

しかし、あなたが、「そう感じてるんだね。叱り方に憤りを感じるの？」と尋ねれば、意見は異なるかもしれないけれども、同僚の気持ちに寄り添おうとしているので共感となります。

共感で承認欲求を満たす

ここまでで紹介してきた承認欲求は、あなただけでなく、相手も持っています。

ですから、あなたは自分の承認欲求を自覚し、マネジメントしましょう。

そして、相手の承認欲求を満たす側に回りましょう。

そして、その「相手の承認欲求」に言語表現、非言語表現で応えていきます。

CHAPTER 2では、「相手の承認欲求」に言語表現で応える方法を、CHAPTER 3では「相手の承認欲求」に非言語表現で応える方法を学んでいきましょう。

CHAPTER

2

マインドを「言葉」で表現する話し方

CHAPTER1では、話し方の「マインド」を整える理由として、「自己中心のマインド」で話をすると相手に嫌われることを理解しました。

そして「自己中心のマインド」を「相手中心のマインド」に変えるために、「自分の承認欲求」を自覚してマネジメントし、「相手の承認欲求」に応えるための方法について学びました。

そこでCHAPTER2では、マインドを「言葉」で表現する話し方を学び、「相手の承認欲求」を把握する方法と「相手の承認欲求」に「言語表現」で応える方法についてお話しします。

SECTION 1

「相手の承認欲求」に「言語表現」で応える

CHAPTER 1で皆さんは、「自己中心的なマインド」を自覚し、自分を尊重しながら「相手中心のマインド」に変える方法を学びました。

人に理想通りに好かれるためのマインドセットです。

人に理想通りに好かれて思い通りに協力してもらうために効果的な方法は覚えていますか？

「相手の承認欲求」に応えるということです。

これが私のおすすめする効果的なマインドマネジメントです。

好印象なコミュニケーションができる「自分軸」を持った状態です。

「自分軸」を持つことができるようになったら、次にそれを「言語表現」や「非言語表現」で表す必要があります。

ですから、皆さんはCHAPTER 2、CHAPTER 3で、「相手の承認欲求」に「言語表現」で応える方法、「相手の承認欲求」に「非言語表現」で応える方法を学んでいきましょう。

CHAPTER 2は、「相手の承認欲求」に「言語表現」で応える方法を紹介します。

その工程は2段階。

・まずは、相手の「言葉」から「相手の承認欲求」を把握する
・次にその把握した「相手の承認欲求」に「言葉」で応える

です。
詳しく見ていきましょう。

①「相手の承認欲求」を「言葉」から把握する

相手の承認欲求を言葉から把握する方法を説明する前に、そもそもなぜ、相手の承認欲求を把握する必要があるのか確認しておきましょう。

本書の目的は、話し方によって相手から好かれることです。

この目的を目指すためには、会話をしているときの自分と相手の欲求が必ずしも同じではないことを理解しなければなりません。

なんとなく自分と同じだろうと決めつけてはいけないのです。

わかりやすい例で言うと、「自分が面白いと思う話題は相手も面白いはずだ」と思ってしまう例です。

あなたが「釣り」がいくら好きでその話題に面白さを感じていたとしても、相手が興味がなければ、釣りの話はただの押し付けになってしまうかもしれません。

相手は興味がないのに話し続けてしまうと会話ジャックになってしまうかもしれません。

ですから、まずは「相手の欲求」が何なのかを把握しなければなりません。

その一つが言葉から把握する方法です。

では、「相手の承認欲求」を「言葉」から把握するにはどうしたらいいか。

シンプルに「聞く」です。

・相手は今、何を話したいのか
・相手は何に興味があるのか
・相手が今、どんな気持ちなのか

とにかく、相手に質問をしましょう。
そこから相手の承認欲求を把握しましょう。

しかし、なんとなく聞き流していても相手の承認欲求は理解できません。
かといって闇雲に聞き出そうとすると尋問のようになってしまい逆効果で険悪な雰囲気になってしまいます。

ここで大切なことは、尋問するのではなく共感しながら聞くことです。
前向きで積極的な姿勢で相手を受け入れるアクティブリスニングを意識します。

では、尋問と共感は何が違うのでしょうか。
尋問は事実を聞くこと、共感は相手の気持ちを聞くことです。

たとえば、相手がダイビングが好きな人だとわかったら、ダイビングについて質問しましょう。

注意しなくてはいけないのが、もしあなたが事実だけを聞こうとしてしまうと、

・免許はどれくらいの期間で取ったんですか？
・装備ってレンタルするんですか？
・背中に背負っているのは何ですか？
・インストラクターに指導を受けるにはいくらかかるんですか？
・沖縄までの旅費はどのくらいかかりましたか？

となってしまうことです。

よくある雑談が弾まない例です。

こういったときは、「相手の気持ち」や「経験」「考え方」「望み」について聞きましょう。

・なぜダイビングに惹かれたんですか？
・海に潜っているときってどんな気持ちですか？

・魚たちが泳いでいる姿を間近で見るのはどんな感じですか？
・ダイビングを楽しむコツを教えてもらえますか？
・ダイビングに心を奪われた一番の要素は何ですか？

などです。

「共感」という言葉は、「感情を共にする」と書きます。
人は感情（気持ち）を理解し合ったときに「共感」し、相手と打ち解けます。
これこそが、「会話が弾む」という状態です。

人は「自分の気持ち」を理解してもらいたい生き物なのです。
相手が自分の気持ちを聞いてくれた、自分の気持ちを理解してくれた。
そのときに、自分が相手に認められたと感じます。

ですから、「聞く」際には、時に相手の気持ちにフォーカスして聞きましょう。

よく、相手と二人きりになってしまうと話題がなくて会話が途切れて気まずくなるのが怖い、という人がいます。

このようなときに会話が続かないのは、「会話を続ける」ことそのものが目的になってしまっていると考えられます。

しかし、相手の持っている体験や知識、そしてその背景にある「気持ち」を知ることを目的にすれば、自然と聞きたいことも浮かんできて、相手の答えに共感もできますから、会話が弾みます。

一方、なんとか会話が途切れずに続いているにもかかわらず、なんとなくぎこちない気がしているときは、お互いに「事実」だけを聞き出そうとしている会話になっている場合が多いのです。

これが共感しようとしている会話になると、事実に気持ちや考えが加わりますから、会話が盛り上がるのです。

ですから、「あ、会話がぎこちなくなっているな」「無理して話を続けているな」などと感じたら、**相手の気持を理解して共感しようとすることにフォーカスしてくださ**

い。

相手に興味を持ち、共感しながら話を聞くことで承認欲求が見えてくるでしょう。

②「相手の承認欲求」に「言葉」で応える

こうして、「相手の承認欲求」を言葉から把握したら、次はどうするか。

その把握した「相手の承認欲求」を「言葉」で満たしてください。

相手の言葉から、相手がダイビングの話をしたがっているのが読み取れたら、そのダイビングの話をしたいという欲求に「言葉」で応えてあげましょう。

では、「相手の承認欲求」に「言葉」で応えるとは、具体的にどうすればいいのか？

それが**「あいづち」**です。

会話を終わらせる返事と会話を促す返事

「あいづちを打つ」とは、相手の話に対して、

・はい
・ええ
・うん
・それで？
・そうですか？
・なるほど

などの言葉を挟むことによって、相手の話を促すことです。
人は基本的に自分の話を聞いてもらいたい生き物です。
相手が自分のしたい話をしているときに、あいづちを打つことは、

「あなたのその話をもっと聞きたいです」

と伝えていることになります。

ですから、あいづちは好かれる会話の基本なのです。

「あなたのことに興味がありますよ」という意思を示せば、相手も嬉しくなって話が弾みやすくなります。

あいづちは相手が話しやすい雰囲気を作り会話をスムーズに進めることができ、あなたの意思も込めて伝えることができます。

覚えた瞬間から使える万能なツールです。

人間関係を深めるためには「あいづちのバリエーション」が必要

しかし、あいづちも同じあいづちばかり打っていると、単調になります。

実際、何を言われても「すごい、すごい」や「なるほど、なるほど」といった同じあいづちばかりを返していると、相手は

「本当に自分の話、聞いてくれている？」

「この人は私の話に興味がないのかな」

と不安になってしまいます。

このように、あいづちのバリエーションが少なすぎると、こちらの意思とは関係なく、相手は会話を続ける気力を失ってしまいます。

それは、楽なあいづちで済まそうとしているという姿勢に映り、相手は大切にされていない、話に興味がないなどと感じてしまうのです。

逆に言えば、バリエーションのあるあいづちを打ってくれたり、適度に質問を返してくれたりする人に対しては、「私の話を真剣に聞いてくれている」「私の話に興味を持ってくれている」と好感を抱きます。

あいづちにもいくつか種類があります。

あいづちの語彙を増やし、バリエーションを増やせば、会話は自ずと弾むようになります。

そのためにも、本書であいづちのバリエーションから覚えてほしいと思います。

SECTION 2

STEP 1

「相手の承認欲求」を「言葉」から把握する＝聞く

承認欲求が表れるキーワード

相手の承認欲求に言葉で応えるためには、相手の承認欲求を言葉から把握した上で言葉で応えるという2段階が必要なことがわかりました。

そこでこの2段階について、より具体的な方法を学んでいきましょう。

相手の承認欲求を言葉から把握するためには、具体的に相手の言葉をどのように聞けばいいのでしょうか。

そのためには3種のキーワードに注目します。

それは承認欲求が表れる**「リピートキーワード」**と**「割り込みキーワード」**、そして**「特別感キーワード」**です。

それぞれについて詳しく見ていきましょう。

承認欲求が表れる「リピートキーワード」

「リピートキーワード」とは、会話やスピーチの中で2回以上登場する重要なキーワードです。

リピートキーワードは3種のキーワードの中で、最も見極めやすいキーワードです。

たとえば、私の知人が「親が自動車の免許を取れってうるさくて」と言うので、「免許を取りなさいって言われているんですか？」と尋ねたら、「そうではない」と言います。

「免許を取りなさい」とは言わないそうなのですが、会話の端々に「免許があればねえ」とか「あそこに免許センターがあるよね」など、「免許」というキーワードが頻繁に出てくるのだそうです。

それでさすがに、「免許を取ってほしいということかな」と思ったそうです。

このような場合は「免許」というキーワードの向こう側に、「免許を取ってほしい理由」が隠れているのです。

共感しながらその理由を知ろうとすると、承認欲求が見えてきます。

他にも女子会で集まって話をしているときに、どんな話題になっても「彼だったらなんて言うかしら」とか、「でも彼がどう思うかしら」などと「彼」というキーワードがリピートキーワードになっている女性は、みんなに恋人のことを話したくてウズウズしているのです。

「USJ行ったことある?」という話題になれば、「あ、彼が行きたいって言ってた」とどうしても「彼」が登場します。

このようなときに、その女性に対して誰かが「そういえば、あなたの彼ってどんな人なの？」とか「彼とはうまくいっているの？」と尋ねてあげたら、堰を切ったように語り始めるでしょう。

このように、リピートキーワードから相手の承認欲求を把握することは比較的容易だと言えます。

承認欲求が表れる「割り込みキーワード」

次に相手の承認欲求を把握しやすいのが「割り込みキーワード」です。

これは会話の流れに関係なく、唐突に割り込ませてきたキーワードがあれば、そのキーワードに相手の承認欲求が表れていることを示します。

たとえば、友人と集まって最近読んだ芥川賞作品や直木賞作品などの小説の感想を述べ合って盛り上がっているときに、「そういえば僕がフランスに行ったときはさ」と唐突に異質な話題を押し込んでくる人がいます。

このようなときは、自分がフランスに行ったことがあることを知ってもらいたいという承認欲求が表れているのですね。

また、ママ同士のランチ会で自分か夫が有名大学出身であることや、子どもが有名大学に合格した話をしたくて仕方ないときは、会話の途中に有名大学の話題で割り込んできます。

「それじゃあ、来月になったらそこの美術館にみんなで行きましょうよ。モネ展やっているらしいわよ」と話していても、「来月は大学の学園祭の時期よね。◯◯大学の場合は——」とか、「学校行事に祖父母が来てくれるのは嬉しいけど対応が大変で……」と話していても「わかるー。うちの旦那も祖父も◯◯大学だから挨拶が大変でー」と割り込んでくるような学歴自慢はよくある例だと思います。

このような例は大概、自分か身内に有名大学出身者か合格者がいて、有名大学出身でない人、もしくは子どもが有名大学を目指している人に対してマウントを取って優越感に浸りたい場合に見られます。

この学歴自慢以外にも、「成功自慢」「能力自慢」、資産・財産・高級品などの「物質的自慢」、有名人や影響力のある人との関係を自慢する「関係自慢」「親族自慢」、特別な体験や冒険などの「体験自慢」など、自慢を感じる場合は、承認欲求が表れているのでとてもわかりやすい例です。誰もが一度くらい気がついたことのある承認欲求ではないでしょうか?

この割り込みキーワードは承認欲求の表れ方が強いので、聞き続けることが本当に必要かを見極めて、親しくなりたい場合はバランスよい対応を心がけることを、おすすめします。

承認欲求が表れる「特別感キーワード」

3つめは「特別感キーワード」です。

相手に特別な信頼を持っていることを示して、相手の承認欲求を満たすことができる言葉があります。

特別感キーワードとは、「この話はね、あなただけに話すのだけれども」とか「ここだけの話ですが」などと、これから話す内容がいかに特別な内容であるかを強調するための前置きに使われる「〇〇だけ」とか「実は」「あなたは特別だから」や「誰にも言ってないんだけど」などという特別感を強調するキーワードです。

この言葉を言われると、「私は特別に大切にされている」や「私は特別な信頼を得ている」と、自分を承認されたと感じ嬉しくなりますが、その言葉には深い意味がない場合もあります。

言われた側は特別感を得たとしても、話し手はこの特別感キーワードを深い意味で使っているとは限りません。

過去にこのキーワードを使って誰かに真剣に話を聞いてもらえた経験があり、味を占めてその後も安易に使っている可能性もあります。

よくあるのは、「あなただけに話すね」という特別感キーワードで話されたことで嬉しくなり秘密を守っていたのに、実は周りの全員が知っていたというエピソードや、「あなたにしか話せない」という特別感キーワードから信用されていると感じ気持ちに応えようと「自分の隠していたこと」を話してみたら、友達中に広められて悔しい思いをしたエピソードなどあるので気をつけないといけないのです。

話し手にとっては話し始めの「キッカケワード」くらいの感覚の場合もあるのです。

「特別感キーワード」は相手を承認していると伝えることで、自分も承認してほしいという期待が込められたキーワードです。

話を始める前に「んー」「やっぱり話すのやめとこうかなー」などと、もったいぶるのも同じ手法です。

この特別感キーワードは、悩んでいる様子を見せられることで応援したい気持ちが湧き、話してくれたその勇気に感謝すら覚えます。

好奇心を刺激され期待がふくらみ「聞かせてー」「なになにー?」「誰にもいわないから」と聞き手をワクワクさせたことに優越感を感じるため、承認欲求が満たされる振り幅が広く癖になって使う話し手が多いので注意しましょう。

また、「この話はあなたと共有するからね」というある種の共犯者のような立場になることを求められている場合があります。

このようなときは、背後に隠れた意図がある可能性があるため、話の流れや内容から判断する必要があります。

ですから、相手から特別感キーワードが出てきたら、一見自分の承認欲求へのアプローチに受け取れても、実は相手の承認欲求が潜んでいることを覚えておきましょう。

この特別感キーワードは、使う側は注意しないと信頼を失います。「あなただから話すんだけど」「ここだけの話だけど」と言いながら、実はあちらこちらで話していることだとわかれば、一気に信頼をなくすでしょう。

相手の承認欲求を理解することには有効ですが、自分が使う場合には本当に特別なとき以外は注意が必要です。

SECTION 3

STEP ②

「相手の承認欲求」に「言葉」で応える＝あいづち

相手の承認欲求を言葉から把握する方法として3種のキーワードについてお話ししました。

次に、把握した相手の承認欲求に言葉で応える方法について具体的に見ていきましょう。

「言葉」のバリエーションで会話が盛り上がる

会話において相手に好かれるためには、言葉のバリエーションが多ければ多いほど有利です。

特に相手中心の会話においては、あいづちのバリエーションの多さが重要です。それは表現の豊かさが多くなることで、相手の話にいろいろな反応をしていることを示せるためです。

あいづちが単調だと、話している相手は自分が受け入れられていない気持ちになります。

何を言っても返ってくる言葉が「すごい！」ばかりであったり「そうですか」ばかりであったり、あるいは「うん」ばかりだと、相手は「自分の話をちゃんと聞いてくれているのだろうか」とか「自分の話に興味がないのかな」などと思えてきます。

あいづちは、話に興味を持って聞いていること、話を受け入れて理解していることを相手に示す重要な手段です。

あいづちがないと相手は、不安や疎外感を感じたり、聞いてもらえてない、無視されていると誤解をすることがあり、会話が進まない原因となることがあります。

たとえば、野球中継に夢中になっている夫に妻が今日あったことを話しかけても、夫は「うん、うん」としか答えない。明らかに聞くのが面倒くさいと思っていることがわかります。

実際に、あいづちが単調なときは、相手の話に真剣に向き合う姿勢ではなく、他に気を取られて集中して聞いていない可能性があります。できれば話しかけるのを早くやめてくれないだろうか、と思って思考するエネルギーを省エネモードにして「うん」しか言わなくなっていることが多いのです。

逆に言えば、本当はちゃんと聞いているにもかかわらず、あいづちのバリエーションが少なかったばかりに、相手からは真剣に話を聞いていないと誤解されるリスクもあります。

あいづちがないからと言って相手が「聞いていない」「聞く気がない」「聞きたくない」とは言いきれないのです。

なぜなら、日本では、あいづちに関する教育がほとんどなく学ぶ機会が少ないため、あいづちの重要性や種類を教えてもらうことがないまま会話をしている人が多いので、スキルを持っていないだけかもしれないからです。

ですから、あいづちのバリエーションは増やしておいたほうが望ましいのです。

バリエーションのあるあいづちというのは、「あなたの話を興味深く聞いていますから、どうぞ話を続けてください」と相手の話を促す効果があります。

一方、単調なあいづちは「もうその話は十分ですから終わらせてください」と言っていることにもなります。先程の野球中継に集中したい夫が妻の話に「うん」しか言わないのがその例ですね。

もし、この夫が妻の話に共感しようと思っているのなら、一旦テレビを消して、バリエーションの多いあいづちを打ちながら真剣に話を聞いてあげるべきです。

どうしても野球中継を見たいのであれば、「ごめん、その話は後で聞くから野球中継を見させてくれないかな」と言ったほうがまだましです。

「おっ、その話はしっかり聞きたいから、野球中継を見た後で聞かせて！」と言ってみるのもいいでしょう。

もっとも、野球を夢中になって見るなんてくだらない、と思っている妻であったら、「もう、いいわよ！」と不貞腐れてしまうかもしれませんが、喧嘩に発展してテレビを消されてしまうことは回避できるでしょう。

相手の話を上の空で聞いていたり、片手間で聞いていたりすると、それはすぐにあいづちの打ち方に表れて、相手はすぐに「自分は受け入れられていない」と感じてしまうので注意しましょう。

① 単純あいづち――「うん」「そうだね」「へえ」「本当に?」

あいづちにバリエーションが必要な理由がわかったところで、実際にどのようなあいづちを使えばよいのかを紹介していきます。

あいづちは図表2のように、「単純あいづち」「反復あいづち」「推進あいづち」「共感あいづち」「要約あいづち」に分類できます。

まず、「単純あいづち」から解説します。

単純あいづちは、**「あなたの話をそのまま受け入れていますよ」**という意思を伝えるあいづちです。

短い反応をすることで、「あなたの話には関心があるので、安心して続けてください」と相手の話を促す役割があります。

単純あいづちは単純な「返事」ではありません。

あくまで相手の話を促しています。

ただし、毎回「うん」ばかりのおざなりなあいづちでは、相手が自分の話に関心がないと思ってしまいますので、単純あいづちとはいえバリエーションが必要です。

たとえば、「うん（うんうん）」「はい（はいはい）」「ええ（ええ、ええ）」「あー」「へえ」「そうだね（そうですね）」「本当に?（本当ですか?）」「わかる（わかります）」「だよね（ですよね）」「ふーん（なるほど）」「ふむふむ（確かに）」などがあります。

これらの単純あいづちを使い回すだけでもあいづちに変化が出ますので、会話にリズムが付き、あいづちのスキルが一段高くなります。

これまで、「やばいっすね」しか使ったことがない人がこれらの単純あいづちを使い回せるようになれば、相手により知的な印象を与えることができるでしょう。

単純あいづちは変化させることさえ心がけていれば、多少相手の話にそぐわないあいづちを打ってしまってもそれほど支障はありません。

図表2 あいづちのバリエーション

単純あいづち	「うん」「はい」「ええ」「そうだね」「なるほど」「へー」「ふーん」「ふむふむ」	短い反応で相手の発言に興味を持っていることを示したり、安心して会話を続けるように促す役割。
反復あいづち	○○なんですね／○○ってこと？／そっか○○／はいはい○○／ああ○○／○○ね／○○？／	部分的な言葉を繰り返すことで相手の発言内容を深く理解していることを示したり、話の内容を確認しながら会話を強化して促す役割。
推進あいづち	それで?／それから?／続けてください／もっと教えてください／もっと聞かせてください／次には何が起こったの？	相手が話を続けるように促し、話の展開を助けるため積極的な関心を示すことができ、相互作用を促す役割。
共感あいづち	それは○○な状況ですね／そうなんだ、その（感情）理解できるよ／そういう状況なのね。その気持ちになるのがわかるよ	相手の話に真剣に耳を傾けて話を受け入れ、意見や感情に共感していると示し、人間関係の構築や信頼感、親密さを生み出す役割。
要約あいづち	つまり○○ってことですか？／要するに○○ってこと?／だから○○したわけですね／すなわち○○だと理解したんですね	相手の話を正確に理解していることを確認するため、また誤解があれば訂正する機会を作り相互理解を深める役割。

一生懸命に相手の話を聞こうという姿勢が伝わっていれば失礼にあたることはないでしょう。ですから積極的にあいづちをする姿勢を意識しましょう。

目的は、とにかく相手の話を促すことですので、単純あいづちを上手に使いこなせれば、相手はとても熱心に聞いてもらえていると感じることができます。

単純あいづちは、バリエーションを使い回すことができればとても効果的ですので、聞き上手で好かれたいと思っている人に最初に取り組んでほしいあいづちです。

とはいえ、すべてをいきなり使い回せるようになるのは難しいので、たとえば1日に1つの単純あいづちを増やしていくように心がけることをおすすめします。

② 反復あいづち——「○○？」「○○なんですね」「○○ってこと？」「はいはい○○ね」

次に「反復あいづち」を解説します。

反復あいづちとは、相手の発言の一部を繰り返すことで、**「私が聞いたことに間違**

いはありませんね」という確認や深く聞いていることを示します。

たとえば、「○○なんですね」「○○ってこと？」「そっか○○」「はいはい○○」「ああ○○」「○○ね」「○○？」など、○○の部分に相手の発言の一部が入ります。

「昨日ラーメン食べたんだ」「ラーメンね」や、「この後、台湾にラーメン食べに行くんだ」「台湾？」、「ラーメン4杯食べたんだ」「4杯も？」や「ラーメンにごはん入れて食べるのが好きでね」「ラーメンにごはん入れるんだ」などです。

反復あいづちの主な目的は、やはり相手に対して「ちゃんとこのように聞いていますから続けてください」という姿勢を示すことで相手に話し続けることを促しているのですが、姿勢をアピールしているだけでなく、実際に相手の発言を聞き間違えていないか確認していることにもなります。

オウム返しは、意味が広く会話を活性化する目的ではない場合も含まれるため、注意が必要です。

単なるオウム返しをしてしまうと「聞こえなかった」「意味がわからなかった」「あなたの滑舌が悪くて聞き取れなかった」というニュアンスが強くなってしまう危険があります。

また、繰り返し使いすぎるとしつこさが出て相手をバカにしているようになり、相手を苛立たせてしまうかもしれませんので、会話を楽しむ姿勢であいづちをしましょう。

一方、反復あいづちでは反復した部分によって、自分がどこに注意を向けているのかを表すことになりますので、相手の発言の意図を的確に捉えていないと相手に違和感を与えてしまいます。

「うち、島持ってるから相続で困ってて……」と悩んでいる友人に「相続に困ってるんだ」と反復するのではなく「島持ってるの？」と反復してしまった場合、相手は話した意図が的確に伝わっていないと思い「そう、持ってるよ。それで相続のことで聞きたいんだけどね」と軌道修正をするでしょう。

反復あいづちは話の意図の修正にも重要な役割を果たします。

しかしこの例のように、相手の「悩み」より相手の「所有物」に興味を示したことが反復あいづちによりあらわになったことで、あなたがどう思われたのかも問われることになるのです。

相手の話したいテーマに関わる言葉を反復するほうが適切に話を促進させられるでしょう。

また車で出かけた妻が自宅にいる夫に電話をかけてきて、「大変、車をぶつけてしまったわ！」と話したときに、「車は大丈夫か？」と反復すれば夫は妻よりも車が心配であることを示したことになりかねませんので、このような場合は反復するよりも「怪我はない？」などと相手を思いやるべきでしょう。こちらも注意が必要です。

このように、反復あいづちを使う際にも目的を間違えていると、相手に違和感を与えてしまうので気をつけてください。

大切なのは、相手の話のポイントがどこにあるのかに注意しながらあいづちを打つことです。

③ 推進あいづち
——「それで?」「それから?」「続けてください」

「推進あいづち」は**相手に話を続けるように促すあいづち**です。

したがって、推進あいづちを使えば、相手はもっと話を続けよう、話を広げようと思うようになります。

よく使われるのは、「もっと聞かせてください」や「もう少し詳しく教えてくださ い」「はい、続けてください」などですね。

他にも応用として「それでどうなったんですか?」や「次に何が起きたんですか?」「結局どうなりましたか?」なども使えます。

他のあいづちも、基本的に相手の話を促す役割を持っていますが、推進あいづちはその役割が特に強くなります。

しかも単に話を続けることを促すだけでなく、話を広げたり深掘りしたりすることを促すこともできますので、会話を盛り上げやすいあいづちです。

ただし、推進あいづちにも注意点があります。

このあいづちもあまり連用してしまうと、「それで？　それで？」と相手を急かす状態になってしまうのです。

したがって、他のあいづちの合間に使うようにしてください。

また、これはあいづち全般に言えることですが、相手の話の節々で毎回あいづちを入れると少々鬱陶しくなります。場合によっては相手の話の腰を折ってしまうことにもなりかねません。

また、話し手によってはじっくりと考えながら多めに間を取って話す人もいますから、そのような相手にはあえてあいづちを打たずに黙って待つほうがよい場合もあります。

したがって、あいづちは、相手のペースや間の取り方なども観察しながら打つようにしましょう。

場合によっては、非言語表現だけで黙って頷くだけのほうが好感を持ってくれる場合もあるでしょう。

特に、聞き手が複数人いるときは、皆がいちいち声に出してあいづちを打っているとうるさく感じられますので、このような場合は心の中に言葉を浮かべ、実際には頷くだけで十分です。

このように、相手の様子を把握する機微は対面のレッスンでならばお教えできるのですが、さすがに文章ではお伝えするのが難しいところです。場数を踏んで身に付けていくしかありません。

ただ、黙って頷くことが上手になっていることを確かめられる場があります。

講演会などで講演者と目が合う席に座り、講演者の発言に対して頷いてみるのです。もし講演者にとって絶好のタイミングで頷けるようになると、講演者はあなたばかりを見て話すようになるでしょう。

この段階になると、もはや講演者はあなたのために話している状態になりますので、とても充実感を得られますよ。

また、推進あいづちに限らずあいづちを打つタイミングの取り方のコツは、カラオケで他の人が歌っているときに合いの手を入れたり、手拍手やタンバリンをたたいたりするタイミングを参考にするとよいでしょう。

これはきちんと目的を持って意識して臨めば、タイミングや話のリズム感を掴めるので、とてもいいトレーニングになります。

そして歌っている人は、あなたに好印象を持ちますから、一石二鳥ですね。

あいづちが上手になってくると、相手に「この人に話すときはつい乗ってきて時間を忘れて喋りすぎてしまうな」と思われるようになります。

ここまでくると、あいづちスキルを身に付けたと言えるでしょう。

④ 共感あいづち――「そういう状況なのね」「その気持ちになるのがわかるよ」

「共感あいづち」は、**相手の意見や感情に対して共感を持っていることを表すあいづ**

ちです。

たとえば「そうだったんですね」「それは本当に○○な状況ですね」などと使います。

このようなあいづちを打つことで、**相手の立場に立って、相手の考えや感情を理解していることを伝えます。**

会話では事実の交換だけをしていても盛り上がりにくいのですが、共感あいづちを打つことによって理解が深まり、会話に熱がこもるようになります。

したがって、このあいづちを使うためには相手の発言から言語の理解だけでなく、相手の感情や考えまでを汲み取る意欲が必要です。

これと間違えやすいのが同調あいづちです。共感と同調は若干異なります。

共感は、相手の感情や考えを自分も理解できていることを示します。

一方、同調は、相手に自ら積極的に合わせて同意を示します。

地域の集まりでIさんが「新しく引っ越してきたJさんは言い訳が多いから教えた

くなくなるわ」と言ってきました。

共感あいづちの場合は「そうなんですねー。（考えが一緒かどうかわからないからまず聞こう）どんなことからそう感じたんですか？」となり、同調あいづちの場合は「わかるー（私もJさんに教えたくないと思ってる）」となります。

同調あいづちは、相手は自分と考えや感情が一緒なんだと思うため、誠実性があれば関係性は強固なものになりますが、もしあなたが実際に思っておらず、調子を合わせているだけだと誤解やトラブルが生じやすいので注意しましょう。

いずれにしても、結果的には相手の感情や考えを共有したことをあいづちで示すことになります。

通常、人は自分の感情や考えを表に出す場合は用心しています。聞き手にどう思われるかわからないからです。

しかし、聞き手が共感・同調を示せば、相手の警戒心は解けて、気持ちを解放し始めます。

そのことは話し手にとっては心地よい場合が多いのです。自分の感情や考えを共有できる人がいることは嬉しいのですね。

ですから、より一層、話に熱がこもるようになります。恍惚の状態とも言えます。その結果、話しきったときにはやりきったという充実感を覚えます。「あなたに話をしてよかった」と思うのです。

結局、多くはコミュニケーションを取るのは自分が幸福感を得るためなのです。話をするのは聞き手に共感・同調してほしいからです。

ですから共感・同調あいづちを打つことができれば、話し手からは好感を持たれるようになります。

ただし、同調については過度にアピールしてしまうと、相手に「あ、自分に好かれるために無理して合わせようとしているな」と見透かされてしまう可能性があるので、過度な同調で媚びているように感じさせてしまわないように注意が必要です。

たとえば、「私は『グリーンブック』という映画が好きなんです」と言ったときに、相手が「はいはい、私もその映画は大好きです！」と答えたら、感性が合うと思い話を続けたくなるでしょう。そして「白人の主人公が黒人ピアニストに心を開いていくストーリーがいいですよね」と言うと「そうそう！ストーリーが良すぎ！」と答えてくれたので、共感されていると思い嬉しくなり、さらに「あと、白人の主人公が黒人ピアニストに心を開いていく様子を演じた俳優の演技力にも感動したんだよね」と言うと「わかるわかる！　超演技派だと思ったー！」と続きました。

そろそろ違和感を覚え始めますよね。

これは話を盛り上げようと無理な同調をしてしまった例です。

この後何を話しても「さすが！　私もそう思った！」「その通り！　名作ですよね！」など同調され続けると、不信に思ったりがっかりしたりしてしまうかもしれません。

「まさに！」「確かに！」「本当に！」「その通り！」「さすが！」など「同調あいづち」＋「強調あいづち」になると話し手は自信を高め気持ちよくなることもあるので好かれる話し方の一つではありますが、こちらも本心ではなく調子を合わせているだけであればリスクが大きいので気をつけましょう。

共感あいづちはマインドを汲み取る意欲が大切なので、多様性を受け入れる気持ちで使うようにしましょう。そのためには共存意識と共感スキル、共聴スキルを身に付ける必要があります。

共存意識とは、自分と相手の関係を尊重してお互いに調和して生きようとする意識です。多様な価値観を受け入れて対立や紛争を避けようとするスキルです。

共感スキルとは、相手の感情や考えに寄り添い理解しようとするスキルです。信頼関係の構築に役立ちます。

そして共聴スキルとは、相手の話も一生懸命に聞くので自分の話も聞いてくださいね、という積極的傾聴のスキルです。

共感あいづちは真剣に相手の意見や考え、感情に寄り添いながら話を聞くことで相手に安心感を与え、コミュニケーションの質を高めるために重要な役割を果たします。

⑤ 要約あいづち――「つまり○○ってことですか?」「要するに○○ってこと?」

「要約あいづち」とは、相手の話を要約して返すことで、**相手の話の要点を理解したことを示すあいづちです。**

「つまり○○ということですね?」とか「すなわち○○という理解で正しいですか?」などとあいづちを打ちます。

反復あいづちにも似ていますが、相手の話を単純に反復するのではなく、自分なりの解釈をしてみせるところがより高度になります。

たとえば「今度どんな本を出版するんですか?」という質問に、「最近グローバル化が進んでコミュニケーションスキルが注目されて、リスペクトトレーニングやスピーチ・プレゼンテーションを含めた話し方の技術を習いたい人が増えたので、あっ私、コミュニケーションコーチとして教えてるんですけど、生徒さんに『人に好かれたいんですがどうすればいいんですか?』とよく聞かれるんですね。なのでそのテーマについて今まで15年以上教えているレッスンで培ったノウハウや自分が作ったメソッドでみんなに役立つことを書きました」と丁寧に伝えたとしましょう。
そのとき、相手が「つまり、人に好かれる話し方の本なんですね」とまとめてこたえるのが要約あいづちです。

また、相手がうまく言語化できていなかったニュアンスをキーワードとして示すことができると、より一層、相手はあなたを信頼してくれます。

たとえば、相手が、「僕はめったに旅行をしないんですよ。趣味が合うというか動機が似ているというか、そんな人から誘われれば行くかもしれませんが」と語ったのを受けて、「なるほど、つまり〝気の合う人〟がいれば旅行をするかもしれないということですか?」と新たなキーワードを提供することで、「ああ、そうそう、〝気の合う人〟がいれば行くんですよ。そういうことです」と相手は自分のことを理解された上に自分の曖昧だった気持ちをズバリ言語化してくれたことに対して「この人は私の気持ちがわかっているな」と信頼感を持ってくれます。

しかし、要約あいづちは、相手の気持ちを的確に代弁できていないとかえって失望される可能性もあるため、「この解釈で正しいはずだ」と決めつけるのではなく質問形式にすると、もし間違えていても相手に嫌な思いをさせることは少ないでしょう。

また要約に自信がないときは「もしかして○○ということですか?」「失礼だったらすみません、○○というふうに聞こえますが合ってますか?」と言い方を工夫しましょう。

たとえば、前例のように「気の合う人がいれば旅行に行ってもいい」と要約すべきところで解釈を間違えて、「つまり、〝誘われなければ〟旅行に行かないということですね?」とズレた要約をしてしまうと、「そんな言い方されたら、私が誰にも誘われないから、すねているみたいじゃないですか」と反感を持たれてしまうかもしれません。

このように、要約あいづちはあいづちの中でも最も難度が高いあいづちであると同時に、うまく使いこなせれば最も相手から信頼されるあいづちでもあります。

ですから、要約あいづちを使う場合は、相当に相手の話に集中して、常に自分の言葉に置き換えながら理解していくように心がける必要があります。

ここまで5つのあいづちについて紹介してきましたが、実は難度が低い順位、つまり実用化しやすい順に紹介してきました。

ですから、今からすぐにでも使えるのが最初に紹介した単純あいづちで、他のあいづちを使いこなせるようになってから使えるようになるのが要約あいづちだとも言えます。

要約あいづちを使いこなすために障害となるのは、自分の思い込みの強さです。相手がうまく言語化できずに試行錯誤しながら話している最中に、勝手に自分の思い込みで「つまり○○ですね！」と決めつけてしまうと、単なる早とちりになってしまいます。

ですから、要約あいづちを使うときには相手の話を虚心坦懐に聞くことを心がけなければなりません。

⑥ 感嘆詞・感動詞――「あぁ‼」「おおおーっ」「うわぁー」

感嘆詞・感動詞は**「あぁ」「うぅーん」「おぉ」「えっ」「あら」「うわ」「わー」「おっと」などの感情や反応を表現したもので、発言の直前に入れたり、使い方によってはあいづちにも返事にもなります。**

感嘆詞・感動詞は感情を表すため、声のトーンなどの影響を強く受けるあいづちですので非言語表現の宝庫であり、文脈や表現で意味が変わります。

ですから文字では「あぁ」としか書けませんが、その言い方には無限のバリエーションがあり、高めの声で驚くように「あぁ！」と言う場合と、落ち着いた低い声で「あぁ……」と言う場合、震える声で「あぁ～」と言う場合ではかなり意味やニュアンスが異なってきます。

感嘆詞・感動詞はバリエーションが多く重要な表現のため、私どものレッスンでは50音すべてを感嘆詞・感動詞として使う練習もする程、大切にしています。

声のトーンや出し方で驚き、感動、怒り、反感、皮肉、疑問など全く違う意味になるものや、否定の「いいえ」や決意の「よしっ」など、単語として意味を持つものと、文脈や状況によって意味が決まるものがあります。

特に「なんと」や「そんな」は、その後ろにどんな言葉が略されたと想像させるのかで意味合いが変わってくるのです。

たとえば、略されたかもしれないと想像させる言葉を（　）内に補ってみましょう。

「なんと（幸運なのだろう）」「なんと（酷いことを）」「なんと（驚いたことに）」「そんな（バカな）」「そんな（楽しいことが）」「そんな（不思議な）」

同じ感嘆詞・感動詞でも言い方でいくつもの意味合いを出せるので、4〜5つほどのバリエーションを覚えておくだけでも幅広く使えます。

そして感嘆詞・感動詞はこれまで紹介した各あいづちとも組み合わせて使えますので、さらに表現のバリエーションを増やせます。

たとえば単純あいづちと組み合わせて「あぁ、そうだね」とか、反復あいづちと組み合わせて「うーん、なるほど○○なんですね」、推進あいづちと組み合わせて「えぇ！　もっと聞かせてください！」、共感あいづちと組み合わせて「なんと、それは本当に○○な状況ですね」、そして要約あいづちと組み合わせれば「おおっ、つまり○○ということですね？」などと使えます。

自分のマインドを感嘆詞・感動詞で示すことは、相手の話を感動しながら聞いていることを端的に伝えられます。

そうすることで、相手は話や行動に価値があると認められたと感じるため、相手のマインドにある承認欲求に応えることにもなります。

そして、共感し合うことを目的にすると深い理解と心が通う関係を築くことができます。

これがマインドとマインドのコミュニケーションと言えるでしょう。

感嘆詞・感動詞の使い方はスポーツ観戦中の観客のリアクションに似ています。

応援しているスポーツ選手の動きに集中し、うまいプレーをすると喜び、失敗すると自分のことのように悔しがり、残念がっています。

まるでそのスポーツ選手に共鳴するように。

私どもの生徒さんには、この感嘆詞・感動詞を巧みに使って、誰とでも会話を弾ませることができる人がいます。彼が誰かと会話しているのを聞いていると、「ええ!」「そんなに?」「いいね!」「あぁ!」ばかりが聞こえてきますが、相手はとても楽しそうに話し、なおかつ自信を持ちイキイキと話し出すのです。

正直なところ、彼は語彙力があるとは言い難いタイプです。

だからこそ感嘆詞・感動詞を使いこなすことで、語彙力の少なさを補っているとも言えますが、結果的にみんなに好かれているのです。

感情について

さて、相手の承認欲求に応えるために、感嘆詞・感動詞で自分の感情を伝えることも学びました。

そして、相手の承認欲求を把握するためには、相手の感情にフォーカスした会話を意識して聞く事が大事、ということも思い出すと感情の重要性が見えてきます。

そこで大切なのが、自分の感情を的確に把握して、より正確に表現するための語彙を持っていることとなります。

感情を理解するためには語彙が必要

語彙が少なければ少ないほど、言語で感情を明確に表せません。

したがって、誰かと会話をするときに自分の感情をより正確に理解し、それを伝えるためには、感情をより的確に表す語彙が必要になります。

たとえば、喜びの気持ちを伝えるにしても、「嬉しい」「心地よい」「アガる」「快適な」「超~嬉しい」「楽しい」「悦ばしい」「幸せな」など、どの言葉を選ぶかにより、伝わり方が変わってきます。

そして言葉を選ぶに当たっては、自分の感情がどの状態にあるのかを把握していなければなりません。感情の強さや弱さのレベルを表す語彙や、感じ方の違いなどを表す語彙を増やすことで、自分の感情を理解しやすくなり、相手の感情も把握できるようになります。

たとえば、驚いていることを伝えようとしても、それが震え上がるほどの驚きなのか、混乱するような驚きなのか、あるいは不安を掻き立てるような驚きなのか区別が付けられなければ的確に伝えられません。

私どものレッスンではまず自分の「感情の語彙」を認識することから始めます。皆さんも「MY感情グラフ」を作成してみてください。

フェーズ1　「MY感情グラフ」に記入する

186ページに「MY感情グラフ」のフォーマット（図表3　※参照元：プルチックの感情の輪）を記載しているのでそれに基づいて普段コミュニケーションで使っている言葉を記入してください。

「自己理解」のためのものなので人に聞いたり、辞書で調べたりしないようにしてください。

感情は8項目に分類してあり、大きく3段階のレベルに分けてあります。

皆さんの記入欄は下から順に1が弱い感情、10が強い感情で10段階で記入することができます。

普段の話し言葉で書くことが重要です。たとえば「怒り」などを伝えるときは「ムカつく」「超ムカつく」「イラッする」「キーッとなる」「ふざけるな」など。ポイントは無理に全部埋めようとせず、普段使っている言葉だけをそのまま書いてみることです。言葉が少なくて空欄になっているところや多くて枠が足りないところなどあるかもしれませんが、自分を知ることがまずは第一なので、気にしなくても大丈夫です。

フェーズ2　「MY感情グラフ」の語彙を増やす

他の人のサンプルと比べてみましょう。188ページに私どものレッスンの生徒さんが書き出したサンプルをご紹介します。人それぞれ言葉遣いや語彙数も違います。

嫌悪の感情は語彙が多いけれど信頼の感情は語彙が少ないなども人それぞれです。

図表３ **MY感情グラフ**

MY 感情グラフ　　　　日付

感情レベル	感情	感情の言葉	感情	感情の言葉	感情	感情の言葉	感情	感情の言葉
10								
9	激怒		警戒		恍惚		敬愛	
8								
7								
6	怒り		予測		喜び		信頼	
5								
4								
3								
2	苛立ち		関心		安らぎ		容認	
1								

名前　　　　歳

感情レベル	感情	感情の言葉	感情	感情の言葉	感情	感情の言葉	感情	感情の言葉
10								
9	恐怖		驚愕		悲嘆		嫌悪	
8								
7								
6	心配		驚き		悲しみ		嫌悪感	
5								
4								
3								
2	不安		動揺		哀愁		倦怠	
1								

少ないところは、辞書で調べて赤文字で語彙を記入しましょう。この時に自分がどう使うかを想定して、話し言葉で記入することが大切です。

私どものレッスンでは、語彙を増やすために類義語辞典の活用を推奨しています。「嬉しい」を調べるだけでもたくさんの表現を知ることができます。

フェーズ3　実践

増やした語彙を少しずつ普段から使うようにしましょう。

また、人は自分の感情に名前が付いていないともやもやします。

たとえば「苛立ち」のときに、自分はどのような言葉で捉えているのか。常に「ムカつく」だけであれば、感情を捉えきれていません。しかし、細かくブレイクダウンしてみると、「腹が立つ」や「煩わしい」、あるいは「面倒くさい」と表現したほうがしっくりきて自分の感情の理解が深まります。

図表3 MY感情グラフ（サンプル）

MY感情グラフ					日付			
感情レベル	感情	感情の言葉	感情	感情の言葉	感情	感情の言葉	感情	感情の言葉
10	激怒	怒り爆発、ふざけんな	警戒	守りに入る	恍惚	夢見がち	敬愛	溺愛する
9		激怒する、いい加減にしろ		警戒する		浮かれすぎ		敬愛する
8		ムカつく、ムカっとする		防衛本能が働く		幸せ		尊敬する
7	怒り	腹が立つ	予測	注意する	喜び	惚れ惚れする	信頼	信託する
6		イライラする		用心する		心から感謝		信頼する
5		イラつく		配慮がある		嬉しい		信用する
4		イラっとする		好奇心そそる		よかった		賛成する
3	苛立ち	わずらわしい	関心	興味あり	安らぎ	癒される	容認	承認する
2		めんどくさい		関心あり		安らぐ		許容する
1		穏やかじゃない		目にとまる		のんびりする		受容する

名前			40歳　女性					
感情レベル	感情	感情の言葉	感情	感情の言葉	感情	感情の言葉	感情	感情の言葉
10	恐怖	恐怖	驚愕	震え上がる	悲嘆	心が痛い	嫌悪	問題外
9		恐れがある		驚愕する		心が張り裂けそう		ありえない
8		懸念材料がある		驚異だ		立ち直れない		イヤ
7	心配	心配する	驚き	混乱する	悲しみ	辛い	嫌悪感	癇に障る
6		目が離せない		驚いた		心、折れた		なんかイヤ
5		懸念がある		想定外		傷ついた		不快感
4		不安		心が揺らぐ		悲しい		気分が乗らない
3	不安	腑に落ちない	動揺	不安を掻き立てられた	哀愁	泣きそう	倦怠	だるい
2		気がかり、気になる		動揺した		ネガティブ		めんどくさい
1		引っかかる		胸騒ぎがする		ナイーブ		まいっか

CHAPTER

3

マインドを「言葉以外」で表現する話し方

「アメリカの話し方」の3本柱のうち、
CHAPTER1で「マインド」について、
CHAPTER2で「言語表現」について、
その方法論を学びました。

CHAPTER3では3本柱の最後である
「非言語表現」について、学んでいきます。

人のマインドというものは、
多くは「非言語表現」に表れます。
ですから、相手の「非言語表現」から
相手の「承認欲求」を探るとともに、
その「承認欲求」に「非言語表現」で
応えてあげましょう。

CHAPTER3でその方法を解説していきます。

SECTION 1

「相手の承認欲求」に「非言語表現」で応える

CHAPTER 1で「話し方のマインドの整え方」を、CHAPTER 2では「マインドを言葉で表現する話し方」についてお話ししました。CHAPTER 3では、3本柱の最後、「マインドを非言語で表現する話し方」について、紹介していきます。

「相手の承認欲求」に「非言語表現」で応えるには2つのステップを経る必要があります。

・「相手の承認欲求」を「言葉以外」から把握する
・「相手の承認欲求」に「言葉以外」で応える

です。

この2つのステップについて詳しく見ていきましょう。

①「相手の承認欲求」を「言葉以外」から把握する

CHAPTER 2では相手の承認欲求を言葉から把握しましたが、言葉からだけでは相手の承認欲求を読みきれない場合が多くあります。

それは、人は常に非言語による表現も行っているためです。

同じ言葉が発せられていても、表情やジェスチャー、声の抑揚などの非言語によって意味が変わってきます。

だからこそ、本当の意味を受け取るためには非言語を把握する必要があるのです。

たとえば、「最近どう？」と声をかけて返ってきた言葉が「元気だよ」だとしても、そのときに顔が引きつっていたり、暗い表情をしていたりすれば、それは元気ではないと感じ取れるので、「何かあったの？」と尋ねることになります。

この例でもわかる通り、非言語は言語以上に表現力があるため、言葉とは真逆の情報を伝えている場合もあるのです。

つまり、**非言語のほうが情報量や情報の重みにおいて言語を上回ることがあるのです。**

しかも、言語で表現する際には意識的に発信する必要がありましたし、どのような言葉を使って表現するのかはマネジメントが容易でした。

ところが非言語の場合は無意識に出てしまったり、伝えたいこととは異なる情報が表に出てしまったりするのです。

先程の「元気だよ」という返事のように、言葉はマネジメントできていても、無意識に非言語で元気ではないことを表現してしまっているのですね。

つまり、非言語はマインドを勝手に表現してしまうことがあるのです。相手の言語表現と非言語表現に矛盾があった場合、多くは非言語表現で伝わってきた情報のほうが信頼が高いと言えます。

たとえば、「今日、飲みに行きませんか?」と誘ったときに、「あーそうですねー。仕事が早く終わったら行きましょう」と答えたとしても、そのときに相手が困った表情なり暗めのトーンなり、あるいは忙しそうな視線の動きなど「あまり気が乗らないな」と非言語表現で伝えてきたときは、無理強いせずに、「あ、でもやっぱり今日はやめておきましょう」と引き下がったほうがいいときもあります。

それほど非言語表現による情報は優位にあると考えていいでしょう。

逆に、あなたが普通にしているつもりでも、誰かから「何かあったの?」と尋ねられたら、あなたは無意識で非言語表現により「悲しい」あるいは「苛立ち」などの感情を表していたのかもしれません。

このように言われたときは、「そんなふうに見えた?」と尋ねてみるといいでしょう。そして自分が無意識に非言語表現で感情を表していたことを素直に受容することが大切です。

そして自分のことを気にかけてくれて感謝していることを伝えましょう。


いつも元気な後輩と挨拶したとき「声にハリがないし、足取りが重いな」と非言語表現で察することができたら「何かあったの?」と声をかけてみましょう。

「実はペットが病気になっちゃって心配なんです」と心の内を打ち明けてくれるかもしれません。

場合によっては、「実は昨夜、録画しておいた韓流ドラマを見始めたらやめられなくなってしまって寝ていなくって……」というような話から想定外の会話を楽しめるかもしれません。

②「相手の承認欲求」に「言葉以外」で応える

相手の承認欲求を非言語で把握することについてお話ししました。

そうして「相手の承認欲求」が把握できたら、次はそれに非言語表現で応えます。

そもそも、なぜ相手の承認欲求に非言語表現で応える必要があるのでしょうか。

非言語表現は言語表現に比べて短時間で伝えられる情報量が圧倒的に多いからです。

たとえば、相手に好意を伝えようとしたとき、どれくらい好きなのかを言葉を尽くして伝えようとすると、長くて技巧的な文章になるかもしれません。

しかも、言葉は、相手に同じくらいの語彙力や読解力がなければ感情まで伝わらない可能性があります。

しかし、非言語表現であれば、表情や口調、視線の動き、ジェスチャーなどで瞬間的かつ直感的に伝わる可能性が高いのです。

しかも、非言語表現は必ずしも言葉と共に発するとは限りません。
もちろん、多くの場合は「好きです」と言葉を発すると同時に非言語表現も伝わる場合が多いのですが、全く言葉を発しなくても、そのときの状況や表情、ジェスチャー、視線の動き、服装などだけで伝わることがあります。

言葉を伴わない非言語表現で頻繁に体験するのは、無言のあいづちでしょう。「なるほど」「へぇ」などと口に出さなくても、相手の目を見て頷くだけで「理解していますよ」という意思を伝えることができますし、腕を組んで視線を斜め上に向けるだけで「うーん、確かにそれはあり得るなぁ」と想像しながら考えていることが伝わります。

逆に言えば、いくら言葉で「それは素晴らしいですね！」と言っても、本心では「そんなわけがあるか！」と思っていれば、非言語表現のほうが強く伝わってしまうかもしれないのです。

ですから、本心とは無関係に口先だけで人を説得できたりごまかせたり、あるいは感動させたりできると考えている人はいつか痛い目に遭うかもしれませんよ。

言語表現をマネジメントできている人は多いのですが、非言語表現をマネジメントできている人は多くはありません。

このマネジメントできていないことの怖さは、黙って立っているだけでも何かを悟られてしまっている可能性があるということです。非言語表現は常に自動的に表れているためです。

つまり、その人の持っているマインドが非言語表現で勝手に表現されてしまうのでマインドの持ち方がいかに重要であるかが明らかになります。

SECTION 2

STEP 1

「相手の承認欲求」を「言葉以外」から把握する＝観察

マインドを言葉以外で表現しながら話すには、まず相手の承認欲求を言葉以外から把握し、その上で相手の承認欲求に言葉以外で応えることを学びました。

そこでここからは、それぞれのステップを実践するための具体的な方法について学びましょう。

まず、相手の承認欲求を非言語表現で把握する方法について見ていきましょう。

人は思った以上に「非言語」で欲求を発信している

すでに、非言語表現には言語表現以上の情報量があることがわかりました。

実際、私たちは普段から、何も言葉を発していない相手に「もしかしてお腹空いてる？」とか「何か嫌なことがあったの？」などと確認することがあります。

また、小さな子どもが何も言っていない母親に対して「ママ、何を怒ってるの？」と表情や態度を見ただけで尋ねるなど、子どもでさえ非言語表現を受け取ることができています。

つまり、自分も相手も、非言語表現によって感情や考えが表に漏れ出していることを自覚しなければなりません。

では、特にどんな非言語に人の欲求は表れるのでしょうか。

それは、次に説明する「目、眉、口」です。

最も人の気持ちが表れるのが「目、眉、口」

人の感情が非言語表現として最も顕著に表れるのは目と眉、そして口です。

アメリカの心理学者ポール・エクマン（１９３４〜）の研究で基本的感情が特定の部分に表れ、強調されることがわかっています。

その研究成果はアメリカの教育の場や、犯罪学、心理療法などでも取り入れられています。

アメリカの学生はその中で最もわかりやすい「目、眉、口」をビッグスリーと呼んで「見方」を勉強します。

これら3つに共通する見方として、部位が上がっているのか下がっているのかを捉えることが簡単な方法だと言われています。

まずは目、眉、口を見る

目、眉、口で見るべきは、「上がっているか下がっているか」です。

たとえば、目尻が下がっていると嬉しいとか楽しい、口角が下がっていると悲しいとか困っている、眉頭がさがっていると怒っている、など、絶対ではありませんがざっくりと変化を確認することができます。

これらの特徴を利用したのが顔絵文字です。

顔絵文字は日本とアメリカでは少し異なります。日本では目の形を強調した表現が笑っていることを表しています。一方、アメリカは口を強調した表現で笑顔を示します。

日本人は目の微妙な変化から相手の感情を察しようとします。

アメリカ人は多人種でコミュニケーションをするため、発音などをしっかり読み取ろうとリップリーディングが定着しているように、口の状態から言葉や感情を読み取ろうとします。

どちらも目だけや口だけを見ているのではなく、部位のどちらをより重視しているかの違いがあるだけで目も口も両方見ています。

ですから、口が笑っていても目が笑っていないと「なんか怖いな」と感じたりするときがあるように、1箇所のみではなく総合的に判断しているのです。

アメリカではもちろん目を見て話すことも大切だと教えられますが、もっと大切なことは「目の使い方」だと習います。

まさにビッグスリーの観察です。

特にどこを見て話していいのかわからない人にはぜひ身に付けてほしいスキルです。

ただし、表情に癖がある場合があるので、眉間にしわを寄せているから不満があるとも言い切れません。目を細めて話すから愛おしいと思っている、口を尖らせているから文句がある、口元が引き締まっているからやる気がある、なども単純に判断できないこともあります。ですから、やはり目、眉、口を総合的に観察する必要がありますね。

さらに、体全体の状態も総合的に観察したほうが、より正確に相手のマインドを把握することができます。

「フェイスランゲージ（表情）」「ハンドランゲージ（ハンドジェスチャー）」「フットランゲージ（足の向き、動き方、テンポ、リズム）」には感情が表れやすいでしょう。

また、「プロキシミクス（コミュニケーションにおける距離）」も、非言語表現の一つです。

これらを総合的に観察すれば、かなり相手のマインドを把握することができます。

観察の順序は、まずビッグスリーである目、眉、口を基点（ベースポイント）として全体を見て、次にジェスチャーや手の位置、腕、手のひら、手の握り方、腕の位置を見ます。

次に体の向きや角度、態度、背中の丸め具合や伸び方を見て、足の位置や足の指の向き、足の動き、足癖を見ます。

そして相手との距離や空間の使い方を観察しましょう。

あなたの目も見られている

特に目で気をつけてほしいのは、相手の表情を観察しているときのあなたの「目」の表情です。

観察に集中してしまって目つきが怖くなっていたり、相手を睨んでいたりしているかもしれません。

あるいは、相手を疑っていたり怪しんでいたりしていることや、相手を拒絶している感情が目に出てしまっているかもしれません。

いわゆる「刑事の目」のような鋭い目になっていないか注意しましょう。

また、相手はあなたの視線の動きも見ている可能性がありますので、あまり露骨に観察してはいけません。

まずは「親しくなりたい」というコミュニケーションの目的を思い出して、いいところを見つける意識を持ってさり気なく行いましょう。

あまり露骨に相手を観察していると、バッグや服、靴をチェックされているな、とまるで品定めされているように感じられてしまいます。

あなたが相手の目を見ているとき、あなたの目も相手に見られていることを忘れないようにしましょう。

逆に言えば、あなたも相手の視線の動きから、何に興味を持っているのかを察知することができます。

バッグをチェックしているな、とか、腕時計をチェックしているな、などです。

また、相手の視線があらぬ方向に向けられていたり、視線が泳いでいたりする場合は、考えがまとまっていなかったり他のことを考えていたりして、こちらの言うことに集中できていない場合があります。

以上のように、ビッグスリーの中でも目はとても表現力がありますし、わかりやすいと言えます。

眉は驚いているときや興味があるときには全体の位置が上がり気味になります。

逆に困ったり悩んだりしているとき、あるいは考えているときは下がっていることが多いでしょう。

相手が色の濃いサングラスをしているときは、目を見ることができませんので、眉の動きから相手の感情を読み取ります。

口は口角が上がっているか下がっているか、あるいは食いしばっているか緩んでいるかで相手の様子を判断します。

口角が上がっているときは嬉しいときや楽しいときで、下がっているときは悲しいときやつまらないと思っているときです。

食いしばっているときは気合が入っているときや、何かに耐えているときです。

逆に口元が緩んでいるときは気が抜けているか、何か欲望に取り憑かれて隙を見せているときです。

よく心が奪われるほどに欲しい物を目の前にすると、口にしまりがなくなり開いていたりします。

日本では「誰かと話をするときには相手の目を見なさい」とよく言われるため、目だけを凝視、いわゆる「ガン見」してしまっている人も多いようですが、これは気をつけないと先程の「刑事の目」になってしまいます。

話をしているときには相手の目ばかりを見るのではなく、表情全体を見たり身体全体を見たりするなど、ある程度視線を動かしているほうがよいでしょう。

そして、相手が重要なことを話し始めたら目を見てアイコンタクトを行い、相手の話に集中していることを示します。

自分の視線の動きは相手も見ているので注意が必要だとお話ししましたが、結局のところ、相手の話をしっかり聞こうというマインドを持っていれば、その思いが視線の動きにも表れますので、あまりテクニックに走る必要はありません。やはりマインドが大切です。

「顔、手、姿勢、足、空間」の順で見る

相手の感情が最も表れるのが目、眉、口だとお話ししましたが、会話をしているときに相手の顔だけを凝視し続けるのは例によって刑事の目になってしまい、相手に威圧感を与えてしまったり、疑っているように感じさせたりしてしまいます。

また、相手の承認欲求が表れるのは目、眉、口を含めた顔だけではありません。

そこで、相手の顔ばかりを凝視しないように、適度に視線を動かしながら、より相手の承認欲求を把握する方法として、「顔、手、姿勢、足、空間」の順で見ていく方法についてお話ししましょう。

実際、相手の承認欲求は表情だけでなく、総合的に見る必要があります。

よく見ると、顔はやる気に満ちているにもかかわらず、手がもじもじしているとか、貧乏ゆすりをしていることがあるかもしれません。

人は、承認欲求を隠すために意図的に表情を繕うことは難しくありません。しかし、手や足、姿勢などを同時にマネジメントすることは難しいのです。ですから、全体を観察することで、より正確に相手の承認欲求を把握することができます。

このとき、顔、手、姿勢、足、空間の順で観察するのは、カメラのレンズをズームアウトして画角を広げていくイメージに似ています。

ただ、最初はこの順序でも、会話が始まったらできるだけ相手のビッグスリーである目、眉、口の確認頻度を上げるために、実際には「顔、手、顔、姿勢、顔、足、顔、空間……」と常に顔のベースポイントに戻ると、相手の承認欲求を把握しやすいだけでなく、相手から見た自分の視線もランダムに自然に動いているように見えます。

特に相手が強調しているキーワードや内容を話しているときは、すぐに相手の目を見て真剣に聞いていることを示すといいでしょう。

相手が共感を求めていたり、何かに誘っていたり、訴えているときにはしっかり目を見ることで誠意や尊重や信頼感を示します。

慣れてきたら順序通りではなくても会話の中でポイントや「目の使い方」がわかるようになります。

それでは、顔、手、姿勢、足、空間の見方について順に詳しく見ていきましょう。

顔を見る

2人で向かい合って話している際、相手の承認欲求を把握するために顔を見る場合は、すでにビッグスリーとして挙げた「目、眉、口」から見始めます。

そして単に「見えている」のではなく、意識して「観る」ことを心がけることが重要です。「見る」と「観る」は共に視覚による認識を表しますが、「観る」は深い関心を持ち深く理解しようと意識します。たとえ自分が見ているつもりでも、積極的に「観察をする」意識がなければ「見えている」だけで、相手の非言語表現を正確に捉えることはできません。非言語表現から相手のマインドを見抜くには、積極的に観察しようという姿勢が不可欠です。

単に「見えている」とは、意識をして見ていない場合にぼんやりと見てしまっているにすぎません。いわゆるピントが合っていない状態です。

たとえば、相手の背後の壁にある何か黒いものに気づいて、それが虫だと認識できた瞬間がピントが合った状態です。

目的を「承認欲求を把握する」ことにマインドセットして相手を「観る」意識を持つことでピントが合い、初めて明確に非言語表現が見えてきます。「この話をした途端に、鼻の穴が膨らんだな」とか、「今、目をそらしたな」などに気付けるようになります。

相手を全体的に見る時は、目のピント機能を使って、視野（見ている画角）を広げていきます。ズームアウトしながら見る範囲を広げていくイメージです。

目の機能を理解し、目の使い方を工夫することによって会話をしながら、相手を読み取ることができるでしょう。

「目の使い方」を理解し、表情を観察できるようになると、冗談に対して口は笑っているのに目が怖いことや、質問に対して冷静な目つきで答えているのに徐々に赤面していく様子など相手の気持ちが見えるようになります。

手を見る

次に手を見ます。

手は、顔の次に感情が大きく表れるところだと言われています。

あなたも経験していると思いますが、緊張していると手が震えたり、怒りで拳を握りしめたり、困ったときに頭に手を当てたり掻いたりしませんか?

体は防御に入ると筋肉が収縮します。

呼吸は浅くなり、脈拍も速くなり同時に脇も締まります。腕を組む行為も防御的な姿勢とされ、守りに入っていると言われています。

逆に手を開いて相手に見せているようなときは相手に心を許している状態を示しています。

挙手して手のひらを見せるのも、「私はこれから心を開いて語ろうとしています」というサインです。

一方、相手の話を聞くときに腕を組んでしまう癖がある人は、相手からは心を閉ざしていると受け取られかねません。

あなたが相手の意見を受け入れたくない時や自分の本心を知られたくないときには、腕を組むことで意図的に非言語で相手に知らせることもできます。

ちなみに、ジャンプすると気持ちが楽しくなるように、人は行動から感情を動かすこともできます。その行動によって勝手に感情が生まれることもあるため、なんとなく腕を組んだことで意図せず気持ちも勝手に守りに入ってしまうということもあります。

心を開いて相手と親しくなりたい場合は、腕を組むのをやめることもできるように、少しずつ癖を矯正していきましょう。

また、ビジネスパーソンがテーブルの上で手を重ねていたり、膝の上で手を握ったりしている場合は、感情を表していると言うより、プロフェッショナリズムの表れなので安易に判断しないように気をつけましょう。

姿勢を見る

姿勢には、話している内容への思い入れや、話を聞こうとしている意欲などが表れます。

話し手が前傾姿勢で前のめりになって話しているのは、「ここは重要な話だからね」という気持ちの表れです。

また、聞き手が前のめりで聞いているときには、「その話には大変に興味がある」という感情が表れています。

つまり、前傾姿勢は話に夢中になっているときに表れやすい姿勢です。

たとえば、それまで背もたれに体を預けて仕事の話をしていた人が、趣味の山登りの話になった途端に身を乗り出してくれば、「もう、仕事の話よりも山登りの話がしたい」と思っているのです。

ここで一気に相手との距離を縮めたければ、山登りの話を広げていけばよいですし、とりあえず山登りが好きなことがわかったけど仕事の話を進めなければならない場合は、一旦受け止めて、キリがいいところで「それで先程のお話ですが……」と話を戻せばいいでしょう。

相手が身を乗り出したからといって、必ずしもその話題を広げなくてはならないわけではありません。

また、姿勢には、習慣や身体的な特徴も表れます。

背筋を伸ばした状態を維持している人であれば、何かスポーツか武道、ダンスなどをしているのかもしれませんし、猫背で首を突き出し気味の人は、一日中パソコンの前で仕事をしている人なのかもしれません。

つまり、その人の人となりを形成している生活習慣も見えてくることがあります。

さらに、少し斜めに座っていて斜に構えている人は、相手を軽視しているか、かっこよく見せたい、相手を全面的に受け入れることに抵抗があるなどが考えられます。

あるいは、すぐにでも話を終わらせて席を立ちたいのかもしれません。

ただ、中には片方の耳がよく聞こえないため、よく聞こえるほうの耳をこちらに向けている場合もありますので、早計に決めつけないということを頭に置いておきましょう。

足を見る

承認欲求を見抜くために足にフォーカスする場合は、足の動きを見ます。揺れや貧乏ゆすりなどで会話が退屈で早く終わらせたい、言いづらいことがあって不安、初対面で緊張しているなどが読み取れます。

そして、足の向きにも注目します。

足が自分の方にまっすぐ向いている場合は、興味関心を示しているときが多く、顔はこちらを向いていても、つま先や膝はドアの方に向いているときは、早く話を終わらせたいと思っている可能性があります。

歩いているときに呼び止めて話をし始めたときも、じっくり話を聞こうとしている人は足を話し手の方に向け直しますが、急いでいるので手短に要件を言ってほしいと思っている人の足は、目的地の方に向いたままです。

空間を見る

会話における「空間」の使い方には大きく分けて3種類あります。

1つめは物理的な相手との距離で、パーソナルスペースと言われる空間です。

相手との距離は、近いほど相手に好感や信頼を持っていることを示し、離れているほど気を許していなかったり警戒していたりすることを表しています。

パーソナルスペースは一人ひとり違うため、相手の非言語表現から察しながら探っていく必要があります。

相手が距離を極端に縮めてきたときは、あなたが求めていない求愛だったり、いわれのない威圧や威嚇の場合があるので、このようなときは、こちらからも無理に近寄らないほうが賢明でしょう。

2つめも物理的空間で、歩いたり、ジェスチャーを行ったり、体を動かすために必要な空間です。

ジェスチャーの空間とは、話す際に手を広げたり歩き回ったりして、非言語表現を表すために必要な空間です。

ジェスチャーの空間が大きい人は、自信を持っていたり、主張したい気持ちが強かったりすることを表します。

逆にジェスチャーの空間が小さい人は、自信がなかったり、主張したい気持ちが弱かったりします。

ジェスチャーの場合は、距離が近すぎると大きなジェスチャーが鬱陶しく感じられますし、大きな会場でのプレゼンテーションやTEDのステージでのスピーチのように歩きながら話をする場合には、大きめなジェスチャーをする必要があります。

スティーブ・ジョブズが取り入れていた、歩きながら行うプレゼンテーションですが、彼の場合はステージ上を移動することでストーリーの展開を効果的に伝えるという意図がありました。

たとえば、最初の位置では、あるときに新しい製品のアイディアを思いついたことを語り、移動した先でそれを実現するためにどんなことがあったのかを語り、さらに移動していよいよ発表することができるんだ、と聴衆の期待を高めていたのです。

つまり、歩きながらのプレゼンテーションが、実は寸劇のように効果的にドラマを感じさせていたのです。

このことを理解せずに、ただ歩き回りながら話すのがかっこいいと憧れて真似をしたい人も多いでしょうが、安易に真似をすると単に落ち着きがない語り手になってしまうので注意したほうがいいでしょう。


そして3つめは影響力の及ぶ距離です。

たとえば、周りの音が騒がしい状況で、相手に小さな声で話されると聞き取れません。

会う場所や座る位置も考慮しないとコミュニケーションの妨げになる可能性があるので、聞き取れないときは「素直に席を変わる」「相手に配慮した上で近寄る」など、相手の話を聞く体勢を工夫しましょう。

スピーチやプレゼンテーションなど、自分が多数の人に話すときの影響力は詳細に考えなくてはいけません。

会場や人数によって影響力の及ぶ距離が変わるため、それに合わせた声の出し方、目線の配り方、ジェスチャーの大きさ、ステージの使い方や感情の乗せ方を調整しなくてはいけません。マイクの使い方やマイクの返り、服装も重要になるのでプロフェッショナルを目指す方は勉強しましょう。

ジェスチャーを見る

ジェスチャーは、多くの人が何かを伝えるために感覚的に手を動かしたり、自然に体が動いている場合が多いでしょう。

ジェスチャーの意味は文化によって異なる場合もありますが、多くの場合は、話されている内容と合わせて見ているので、おおよその相手の意図は把握できます。
身振り手振りで話の内容を視覚的に表現することで、言葉で伝えきれないニュアンスや感情が伝えられ、相手の理解が深まり説得力が増します。
よく使われているジェスチャーを知ることで、自分が使うときにも効果的に使えるようになり、より相手の意図を把握しやすくなります。

ジェスチャーは、話の文脈により意味が変わることもありますが、まずはスピーチでも良く使われているものを見てみましょう。

TEDなどでよく見られる手のひらを開くのは「ハンドオープン」と呼び、自分が心を開いて相手に信頼してほしいことを示します。両手のひらを上に向けるのは相手を受け入れる姿勢を表し、頭の上や顔の横などで下に振り下ろすチョップの様な動作は内容の強調を示します。

また、「この中で県外からきた人はどれくらいいらっしゃいますか？」などと相手に挙手を促す場合には、自分が手を上げて見本を示して行動を促す「プロンプティング」を行います。

「プロンプティング」には、聴衆の目を集めたり、拍手や起立を促すジェスチャーも含まれます。

「レベリング」は比較を高低で表す時に「これくらいのレベル」と言いながら、手振りで位置を示したり、それを階段を登るよう動かすことで「このような段階がありますす」など段階が変わっていく様子を示します。これは相手にレベルの違いを視覚的にも理解してほしいときによく使われるジェスチャーです。

「ディス&ザッツ」は、片手や両手で左右を示しながら、「ここにあんこ入りのたい焼きとクリーム入りのたい焼きがあったとします」などと2つ以上の物事の違いを説明するときにわかりやすいジェスチャーです。

「サークル」は、手のひらや指先で円を描きながら、物事が繰り返されていることや継続や循環していることなどを表現する時に効果的なジェスチャーです。

「スクエア」は、手のひらや指先で四角形を描きながら、「写真を取りましょう」や「これくらいの」などと対象物や範囲を示したりするジェスチャーです。

「トライアングル」は手や指で三角形を描いたり、形を作って方向を示すことができます。

また、成長や注意も示したり、山やピラミッドを表すなどにもよく使われます。

そして「ライン」は、手のひらや指先で真っ直ぐな線を引きながら、「成功への道をまっすぐ進みましょう!」などと言えば道や方向性を示しますし、「ここから先は次元が異なるのです」などと言えば、境界線を表すジェスチャーになります。

また、「ポインティング」には、人やものを指し示したり「指を1本、2本……」と順に立てながら、「1つめのポイントは○○、2つ目のポイントは○○、そして……」と項目を強調する使い方と、指先であちらこちらを指さしながら「ここにも、あそこにもあるんです」などのように対象が複数であることを強調するジェスチャーや口元にあてて「静かに」を伝えたり、指示の強調を示したり色々な使われ方をします。

さらに「ホールディング」は、ボールを両手で持っているような手の形を見せて、「チーム一丸となって」など動作を固定させることで結束を伝えたり、情報やものを保持していることなどを表す時によく使われるジェスチャーです。

そして「ハート」は両手のひらを胸に当てたり、指でハートの形を作ったりすることで、「愛しています」「大切にしています」や「みなさんに感謝しています」など、信頼や感謝を示すジェスチャーとして多く使われています。

「ギブサポート」は、「あなたに届けます」と手のひらを差し、支援する気持ちを表したり、与えたりサポートすることを示すジェスチャーです。拍手をしながら褒めたり、大きく頷いて理解を示したりすることで、共感を築くことも出来ます。

ここまでは、どちらかというと相手にポジティブな印象を与えるポジティブジェスチャーを紹介しましたが、ジェスチャーの中にはネガティブなものもあります。

たとえば両手のひらを上に向けて肩をすくめれば「わかりません」や「仕方ないね」「お手上げだね」といった表現を強めますし、顔の前で手刀の形を作って左右に振れば「要りません」や「冗談じゃない」などの表現を強調できます。

あるいは両手で頭を押さえて「困った」や「なんてことだろう」などと言えば、行き詰まっていることを表現できます。


自分がジェスチャーを使うときには、意識してポジティブジェスチャーを使うことで、好感度が上がります。

特に感謝を伝えることに抵抗を感じる人が多いようですが、ときには勇気を持って、先程のハートのジェスチャーで相手に歩み寄ると、相手に喜ばれるかもしれません。

私どものレッスンではポジティブジェスチャーは大きく、たくさん使うことを推奨しています。

SECTION 3

STEP ②

「相手の承認欲求」に「言葉以外」で応える＝マーキング

STEP①では相手の承認欲求を非言語表現で把握する方法について見てきました。
次に、相手の承認欲求に非言語表現で応える方法について見ていきましょう。

言葉の「マーク」を示すのが非言語表現

相手の承認欲求に応えるには、言語表現だけでなく非言語表現も重要になります。

非言語表現は自動的にマインドが漏れ出してしまうため、注意を向ける必要がありました。

非言語は、情報量が多く感情やニュアンスによって言語を上回ることもあるので、言葉の意味を左右してしまいます。

つまり、マインドをマネジメントし非言語を注視していないと、言葉の意図とは異なる非言語表現が伴ってしまう可能性があるということです。

言語表現だけに気を取られていると、無意識に非言語で意図と違うことを表現してしまい、伝えたいことが伝わりません。

非言語表現とは手紙やテキストの文字でいうマークのようなものです。

ＬＩＮＥなどのメッセージで気持ちを伝えたい時には言葉に絵文字やスタンプなどのマークをつけるだけで言葉の奥にある気持ちや状況が伝わります。

たとえば、体調を崩したあなたを心配してチャットをくれた友人に「もう大丈夫」とだけ返信したのであれば、「何が大丈夫?」「どう大丈夫?」「余計な心配って意味？」と相手はますます心配になってしまうでしょう。
しかし返信時に「もう大丈夫！」と「！」（感嘆符、エクスクラメーションマーク）を添えたり、「もう大丈夫／(^o^)＼」と顔文字を添えたり、あるいはスタンプで元気そうなキャラクターを添えたりすることで相手も「あ、元気になってよかった」と安心してくれるかも知れません。

また文章の場合、強調は太文字や、色付き文字、アンダーラインを引くことなどで伝わりやすくなり、「　」や『　』で文字情報にマークを添えることで、より情報が伝わりやすくなります。

同様に、口頭での会話でも、言語表現に非言語表現というマークを添えることで、意見や気持ちがより的確に伝わりやすくなります。
口頭での会話やスピーチにおけるマークは、非言語表現である「ボディーランゲージ」「抑揚、トーン、話す速度」「握手、ハグ、背中をたたく」「相手との距離・空間」「服装」「時間」「沈黙」に分類できます。

それぞれについて見ていきましょう。

① ボディーランゲージ

相手の承認欲求に応えるときのマーク（非言語表現）の一つとしてボディーランゲージがあります。

先程説明したジェスチャーもボディーランゲージです。

すでにお話ししたように、言語表現だけでは情報が少ないため、相手に誤解を与えてしまう可能性があります。

しかし、ボディーランゲージを活用することで、より的確にこちらの気持ちを伝えることができます。

多くの人は相手に気持ちを伝える際、言語表現には相応に注意を払っているはずです。

しかし、ボディーランゲージについては、ほぼ無意識に表現してしまっているのではないでしょうか。

つまり、よく注意しなければ、いくら言葉を尽くしても、言葉と異なったマインドがボディーランゲージで表れてしまっているかもしれないのです。

しかも、メラビアンの法則で見たように、言語表現と非言語表現に齟齬が生じた場合は、圧倒的に非言語表現のほうが正しい情報として採用されてしまいます。

ですから、**私たちは非言語表現の一つであるボディーランゲージにも注意を払って、表現のマネジメントをしなければなりません。**

それではボディーランゲージはどのようにマネジメントすればよいのでしょうか。

まずは、相手の承認欲求を把握することが基本です。

その上で、相手の承認欲求を把握するために注目した「目、眉、口」のビッグスリーと「手、姿勢、足、空間」「ジェスチャー」を、今度は自分が応える側として意識していきます。

このとき、「あなたを受け入れています」というマインドを持ち、ボディーランゲージで表現します。

特にアイコンタクトは相手を受け入れているアピールになりますし、ジェスチャーを通して共感を示すことで相手に気持ちをしっかりと伝えることができます。

②抑揚、トーン、話す速度

非言語表現には、話すときの抑揚やトーン、速度・強弱・高低・リズムが含まれます。

抑揚とは言葉に音程の変化を付けることです。

音階を付けるとも言えます。

抑揚がない話し方が「棒読み」です。

YouTubeなどで使われている、ナレーションの読み上げソフトの中には抑揚のない話し方もあるのでイメージしやすいかもしれません。

もっとも、読み上げソフトも今後進化して、いずれ文脈や単語の意味から抑揚を類推できるようになるでしょう。抑揚は練習することで取得できるスキルなのです。

「抑揚を付けて話す」とは、気持ちを込めて歌を歌うことにも似ています。

特に強調したいところは、演歌で言うところの「こぶしをきかせる」になります。

トーンは抑揚に似ていますが、抑揚が部分を示しているのに対し、トーンは抑揚の結果としての全体の印象になります。

ですから「明るいトーンで話す」とか「暗いトーンで話す」「落ち着いたトーンで話す」などと表現できます。

また、トーンが決まると、抑揚で付けられる音程の幅が決まります。

仮に「断固とした決意を表すトーン」が音階のド（低）からミの抑揚で話すことだとすれば、「陽気なトーン」はソからド（高）の間の抑揚で話す、といったイメージです。

また、トーンの要素には声色も含まれますので「フレンドリーなトーン」であれば元気で滑舌が良く、発音が明瞭な話し方になりますが、「自信がないトーン」であれば元気のないこもった発声で、発音も不明瞭な話し方になります。

トーンのポイントは、言葉を発する際に感情を乗せることです。

同じ「ありがとうございます」という発言でも、明るいトーンであれば爽やかに謝意が伝わりますが、暗いトーンであれば、「本当は迷惑だったけれども」というニュアンスが伝わってしまうかもしれません。

ですから、抑揚やトーンは、単にスキルの問題ということではなく、感情の乗せ方によって生じてしまうものだ、と知っていることが重要です。

そうすれば言葉を話すときは、感情が乗ってしまうのだから、「明るい気持ちで話そう」とか、「感謝の気持ちで話そう」などと心がけることで抑揚やトーンに表れ、心の持ちようが非言語表現と繋がっていると気づきます。

つまり、マインドの持ち方で変わるのです。

ただし、歌ったことがないメロディーや音域にぶっつけ本番で挑戦してもうまく歌えないことがあるように、話すときの抑揚やトーンも機会があるときに練習しておかないと、うまく表現できないことがあります。

ですから、プレゼンテーションやスピーチを控えている人は、事前に本番さながらに話してみる練習をしておくとよいでしょう。


また、話す速度にはそのときの状況が出てしまいます。

急いでいたり、焦っていたりすれば早口になりますし、リラックスしている休日であればまったりした話し方になるでしょう。

しかし、**コミュニケーションスキルとしての話し方の速度は、そのときの必然性に合わせてマネジメントできなければなりません。**

内容が難しかったり重要度が高かったりするときには、相手の理解が確実に追いついていることを確認しながらゆっくりと話す必要があります。

逆に、「さぁ、これから一緒に頑張ろう！」といった勢いを付けることが必要な場面では、加速しながら畳み掛けるように話すと効果的です。

つまり、必然性のない速さは相手を急かしてしまいますし、必然性のない遅さは相手にもどかしさを感じさせてしまいます。

また、共感を示すテクニックとして、相手の話す速さやテンポに合わせて応えるのも効果的です。

さらに、話す速度は相手に与える印象を変えることができます。テキパキと速めに語れば、「頭の回転が速い人だな」と思われやすいですし、無駄なくゆっくりめに話せば、「言葉選びが慎重で堅実そうな人だな」と思われやすくなります。

つまり、目的を持って必然性のある速さで話せば好感を持たれますが、無目的に必然性がない速さで話すとせっかちだとか、もどかしいなどと好ましく思われない可能性があります。

③ 握手、ハグ、背中をたたく

先程のボディーランゲージの一つですが、元々日本人にとっては非言語表現として、握手やハグ、背中をたたくというのは馴染みがないかもしれません。

欧米では日常的に行われるスキンシップですが、日本にはこのような習慣がありません。

また、近年はセクシャルハラスメントやパワーハラスメントの規制が強化されていることもあり、相手を選んで行わないと人間関係が悪化するだけでなく、悪くすると訴えられる可能性もあります。特に異性が相手の場合は注意が必要です。

しかし、多様性が進む社会において、このような非言語表現を多用する文化の人たちもいることは知識として持っていたほうがよいでしょう。

握手とハグは、信頼や親愛を強く示す非言語表現です。

握手やハグは、相手から求められたら応えられるように心構えとして持っておくのがよいでしょう。

一方、肩をたたくことは日本でも行われますが、これも相手を選びます。たとえば、対等な関係である同僚や友人同士であれば、「よろしくな」や「お互い頑張ったな」とお互いに理解し合えたことを共感し、同じニュアンスで肩や背中をたたいたりする非言語表現で返しましょう。

しかし、上司が部下に対して「頼んだぞ」や「頑張っているな」、あるいは「お疲れさん」といったニュアンスで肩をたたいたからといって部下が上司の肩をたたき返すのは失礼に当たります。

このようなときは、感謝の気持ちや、受容したことを笑顔や会釈などの非言語表現で応えましょう。

④ 相手との距離・空間

相手との距離・空間についてはすでに、物理的な相手との距離やジェスチャーの大きさ、そして影響力の及ぶ距離であることをお話ししました。

承認欲求に相手との距離・空間で応えるため、これらの距離を今度は自分が意識して作り上げる側に回ります。

基本的には、こちらからぐんぐん距離を縮めるのではなく、相手から距離を縮めてきたときに受け入れる態勢になります。

パーソナルスペースは一般的に45センチ以内と言われていますので、この距離以内に縮まったら相当な信頼関係を築いていることになるでしょう。

また、仲良くなりたければ距離を縮めればいいというものでもなく、お互いの社会的な立場も考慮しなければなりません。

特に握手やハグといった接触に関しては注意が必要です。

会話では相手が話しているときに前のめりになってきたら、こちらも前のめりになって話を聞くといった受容の姿勢が基本です。

ただし、明らかに相手があなたのことを拒絶している姿勢を示しているようなときは、ジェスチャーも含めて無理に距離を縮める必要はありません。

そのようなときは、「私の方は常にオープンマインドですよ」という姿勢を示すようにしましょう。

腕を組むなどせずに手のひらを見せ、こまめにあいづちを打ち、共感していることを示すようにします。

ちなみに、相手との距離感について、アメリカの文化人類学者のエドワード・T・ホールは、対人距離を４つのゾーンに大別しています。

面識がない者同士やスピーチや集会などの「公衆距離」は３６０センチ以上と言われています。

職場の同僚や取引先相手などとビジネスでの打ち合わせや会合の「社会距離」は１

20センチから360センチ程度。

親しい友人や知人、同僚などでは「個体距離」の45センチから120センチ程度と言われています。

そして家族や恋人・特に親しい友人などの親密な関係であれば「密接距離」の45センチ以内でも許容される距離です。

以上の距離を保つことが、お互いに心地よいと考えられています。

これらの距離はあくまで目安ですので、これ以上近づいても大丈夫かどうかは、その都度相手の様子を観察しながら判断する必要があります。

特に異性の場合は、生理的にこの人は無理だ、と思われている場合もありますので、相手から距離を縮めようとしない場合は自分からも無理に縮めないようにしましょう。

また、相手のジェスチャーが大きくなったときは、こちらもジェスチャーを大きくして応えましょう。

市場で「今日はこんなタコがあるよ！」と手を大きく広げるジェスチャーをしてく

れたことに対し、「タコですか」と言葉だけ返したのでは、相手の承認欲求は受け入れられていません。相手も急に冷めてしまいます。

なぜなら、相手がジェスチャーで伝えたかったのはタコの大きさです。あなたがもしイカを仕入れたかったとしても、一旦相手の承認欲求を受け入れて、大きさを示すジェスチャーで「そんな大きいタコですか！」とタコの大きさを共感しましょう。その後で、イカがあるかどうか話をすることが望ましいでしょう。

ジェスチャーは、習慣がない人にとっては大げさな気がして恥ずかしいものですが、少しずつ取り入れていると、だんだん自然にできるようになります。

⑤ 服装

非言語表現に服装が入っていると違和感を覚える方もおられるかもしれませんが、どのような服装なのかは、視覚的な影響力を持っています。

しかも、相手と対峙して最初に目に入るのは全体の姿です。このときにどのような服装をしているのかによって、相手に与える印象が大きく変わってしまいます。

したがって、服装は立派な非言語表現なのです。

キャラクター設定を演出できる服装が必要

たとえば、大事なデートで洒落たレストランに行く予定になっていたのに、相手が擦り切れたチノパンにおしゃれとは言いがたいサイケな図柄がプリントされたヨレヨレのTシャツで現れたらいかがですか?

また、大きな取引額が発生する大事な商談に、営業担当者がしわくちゃのスーツにだらしなく緩んだネクタイ姿で登場したら、「この人は、今回の取引に真剣に取り組んでくれるのだろうか?」と不安になることでしょう。

服装はその人のキャラクター設定に大きく影響します。

たとえばスティーブ・ジョブズがジーパンに黒いTシャツ姿でプレゼンテーションを行っているときは、「やっぱりスティーブ・ジョブズはこうでなくちゃね」とアップルファンの気分を高揚させたことでしょう。

しかし、政治家がスティーブ・ジョブズに憧れて、巨大な文化ホールでの演説に同じ格好で登場して税制のことを語っても、出席した年配の後援者たちは「こんなラフな人に任せても大丈夫なのか?」と不安になるかもしれません。

人にはそれぞれの社会的立場や周りからの期待に沿ったキャラクター設定を演出できる服装が必要だと言えます。

「いやいや、人間は中身で勝負だ」とおっしゃる方もおられるかもしれません。確かに、最後は中身が大切です。

しかし、せっかく立派な中身を持っていても、たかが服装で第一印象を悪くしてしまったのでは、中身の良さを知ってもらえる前に相手にされなくなってしまうかもしれません。

すでに世間一般に成功者としての実績が認知されている人であれば、服装の良し悪しに印象が左右されることは少ないかもしれませんが、そのようなごく一部の特別な人たち以外は、やはり服装や見た目を大切にしたほうが、自分が伝えたい話が伝わる時間を短縮できスムーズに事が運ぶでしょう。

また、世間一般に認知された服装も大切です。

たとえば、就職や転職のために面接を受けに行くのであれば、やはりスーツ姿が無難です。

あえて冒険して奇抜な服装で臨むことを全否定はしませんが、非常にリスクが高いと言えます。

また、医師なら白衣を着ているだけで、患者さんに安心感を与えるでしょう。スウェット姿の医師から「私が手術します」と言われても、「この先生で大丈夫だろうか？」と不安になるでしょう。

服装は、多くの情報を相手に伝えることができる強力な手段なのです。

ドレスコードに従うことで相手の承認欲求に応える

相手から求められている服装をすべき場面としては、ドレスコードを伝えられたときが代表的です。

提示されたドレスコードには、相手の意図が表れていますので、それを無視することは主催する会の目的や相手の意図を無視することになります。

ドレスコードを提示されたときには、ドレスコードに従うことが相手の承認欲求に応えることになります。

たとえば、クリスマスパーティーで必ずクリスマスカラーの赤か緑を着用してください、と指示があったのであれば、わざわざ買うことができなくてもせめてポケットに挿すハンカチを赤色にするなどしてパーティーの意図に応え、会への参加意志を服装で表しましょう。

もし、ドレスコードが提示されていないけれども、服装が悩ましい催し物に呼ばれたときは、主催者に確認するのがよいでしょう。

日本では、服装が自己表現であるという意識は欧米に比較すると低いと思われます。

場に馴染もうと無難な服装を選ぼうとし、とりあえずこの服でいいだろうと考えやすいかもしれません。

しかし、欧米では服装が自己表現という認識ですから、自分の個性やセンス、社会的なステータスを示すために服を選びます。**服装が相手に与える印象をマネジメントできることを十分に理解しているのです。**

たとえば、アメリカのパーティーの光景が絵的にきれいに見えるのは、ルールを守りながら個性を出しているからです。主催者や参加している人たちに対するリスペクトがあるからです。

とはいえ、日本ではまだまだ保守的な服装をすることが求められますので、あくまで一般に受け入れられている服装の範囲で、自分の価値観や主張、ステータスを表せる服装を心がけるのがよいでしょう。

誰かに会うときの服装も同じです。

自分のためだけにその服を着ているのではなく、相手のためにも着てきたというメッセージも発するのです。

たとえば、友達に彼氏を初めて紹介してもらったとき、待ち合わせに現れた彼の服装が白いTシャツでした。
・誰もが知っている高級ブランドのロゴがバッチリプリントしてあるもの
・アニメのキャラクターがプリントしてあるもの
・筆文字で「根性」と大きく書いてあるもの
この3つでは、彼の第一印象はどう変わるでしょうか？

その服装からどんな承認欲求をキャッチしますか？

その印象からコミュニケーションが始まるので、話す内容まで変わってしまうでしょう。

服装は自己主張も大切ですが、相手への配慮の意識を持つことも大切です。

⑥ 時間

時間も重要な非言語表現の一つです。

たとえばあなたが待ち合わせの時刻に遅れてしまえば、あなたがルーズだと相手に印象付けてしまうでしょう。

あるいは、相手の貴重な時間を軽視したと判断され、ひいては相手自身があなたから軽んじられていると思うかもしれません。

ですからドタキャンなどは相当に悪い印象を与えるわけです。相手は自分の存在自体が否定されたと受け取るかもしれません。

逆に、あなたが30分も早く到着して相手のことを待っていたことがわかれば、相手はそれだけ自分のことを尊重してくれていると嬉しくなるでしょう。

マインドに「相手リスペクト」を置いておけば安易に遅刻することはなくなり、相手の価値を承認できるのです。

会う前から始まるコミュニケーション

またコミュニケーションにおける時間は、現在進行中の時間だけではありません。実際に相手と会う以前の時間から始まっています。

たとえば、私の講演会に来てくれるお客様はＰＲのチラシやホームページを見たときからコミュニケーションが始まっていると言えます。

どのような見た目なのか、どのような経験や実績があるのか、ＳＮＳの活動状況などを確認している段階から、すでにお客様は私に対する印象を形成しています。

そして、実際に講演会でどんな話をするのだろうかと想像します。

講演会当日になれば、実際歩いてくる私を見た途端に、それまでに作り上げていた印象との違いが新たな印象として上書きされていきます。

思ったより背が高いなとか、写真で見たときより厳しそうな表情をしているな、などです。

そして話し始めたら、思ったより声が低いとか、案外と早口なのだな、などと感じるかもしれません。

印象は動的なので、お客様にとって私の印象は実際に会うまでの時間にも作られていましたし、実際に会ってからも刻々と変わっていくのです。

また、コミュニケーションは準備と心構えが必要です。コミュニケーションにおいての時間はとても大切です。

商談の直前に、エレベーターで、この後商談をする予定の相手とばったり乗り合わせてしまったとします。

このとき、あなたが今日会う予定だった相手とのコミュニケーションの準備をしていなければ、かなり慌てたり、気まずい雰囲気になったりするかもしれません。

しかし、すでに話したいことの準備ができていれば、この偶然エレベーターに乗り合わせた時間も有効に活用することができるでしょう。

営業で大きな成果を挙げているビジネスパーソンは、「自分の視界に入る人はすべてお客様になる可能性がある」、と常に考えていると言います。コミュニケーションの機会を得られた時間を無駄にしないように心がけているのですね。

このように、自己実現目標が高い人は、一つのチャンスも逃したくないと考え、いつでも承認欲求に応えられる事前準備を怠らないのです。

チャンスを逃さない時間の使い方

ですから、相手の承認欲求に応えるための時間というのは、相手とのコミュニケーションを充実させようとする準備に活用する時間を指します。

先程の遅刻や、早めに着いて待っていることも、時間の使い方で相手をどのくらい尊重しているかを表現していますし、実際に会うまでにどのようなコミュニケーションを取るのか準備するために時間を費やしていれば、相手は「ああ、自分と会うために時間をかけて準備していてくれたのだな」と尊重されたことを感じ取ってくれます。

そして、営業のビジネスパーソンの例でお話ししましたが、自分にいつ誰からどんなチャンスがもたらされても受け取れるように時間を使うことが大切です。

そのように時間を活用している人は、どこにいても「いつでも話しかけていいですよ」や「誰とでも仲良くなる準備ができていますよ」という雰囲気を醸し出すことができ、つまり、オープンマインドな状態にいることが非言語表現として周りの人たちにも伝わります。

だから、このような人にはいろいろなチャンスが巡ってきやすくなります。

そして、実際に誰かとコミュニケーションを取る段階になったら、相手が話す時間と自分が話す時間の配分を意識します。

相手にどれくらい話す時間を提供するかということも、相手の承認欲求への非言語表現での応え方です。

一つの目安として、相手が話す時間が6割で、自分が話す時間が4割に設定するとよいでしょう。

そして、内容的には相手9割、自分1割くらいを目指します。

もちろん、相手が乗ってきてたくさん話したがっているときは、相手の割合を増やして構いません。気持ちよく話してもらいます。

ただし、こちらも「聞き流しているのではなく、ちゃんと聞いていますよ」というあいづちを打つことと、非言語表現を忘れないようにしましょう。

相手に好かれることだけを目的にしているのであれば、とにかく聞き役に徹しましょう。

しかし、より深い関係を築きたいのであれば、あなたも自分のことを話すようにしてください。

相手との関係を深めるためには、あなた自身もオープンになって話したいことを話すことが大切です。お互いのことをよく知る必要があるためです。

このあたりは、目的の決め方によって、使い分けるようにしましょう。

⑦ 沈黙

言語表現は意図的に言葉を発しなければ実現できません。しかし、非言語表現は自分の意思に関係なく相手に届いてしまいます。したがって、何も言葉を発していないときにも「沈黙」として表現されてしまいます。

そこでまずは、沈黙には2種類あることを確認しておきましょう。

沈黙の種類

沈黙には2種類あります。

1つは自分の意思で「意図して作った沈黙」です。

相手に敬意を示したり、考える時間を与えたり、自分の答えたくない質問をされたときに、ノーコメントの意思表示や無視、「このあたりでこの話題を終わらせよう」という合図、あるいは不快感や満足感を非言語で表現することです。

この意図的な沈黙は、自分で作った沈黙ですので、自分で終わらせることができます。

たとえば考える時間として沈黙を与えた結果、相手の考える時間が長すぎたり、反応がなかったりしたとしても、この沈黙を止めたいと思ったら自らこの沈黙を終わらせたり「次のテーマに移りましょうか」と話を切り替えたりできます。

沈黙は効果的に使えるスキルです。

しかし、もう一つの沈黙は「意図せずに生じてしまう沈黙」で、予期せぬ事態に起こります。

驚き、困惑、不安、緊張、怒り、意見の不一致によって生じる沈黙があり、場合によっては相手との関係が気まずくなったり、その場の空気が重くなったりします。

つまり、「意図せずに生じてしまう沈黙」とは、非言語表現を放置してしまっているケースが多いでしょう。

沈黙自体は悪いものではありません。

たとえば、サプライズされたときに生まれる沈黙は、想定外の喜びで驚きを隠せない非言語表現として表れ、その場にいるみんなも微笑ましい気持ちになるでしょう。

逆に言えば、沈黙なく間髪入れずに「ハイハイ、想定内」と応えたなら相手はがっかりするでしょう。

子どもが発表会でステージに出てきて何か喋ろうとしているけれど、緊張で言葉が出てこないような沈黙では、子どもの一生懸命話そうとする姿勢が非言語表現として表れ、応援したくなるものです。

沈黙を使う

しかし、偶然起きてしまった沈黙が怖いという人も多いでしょう。

たとえば、エレベーターでそこまで親しいわけではない上司や同僚と乗り合わせてしまったときに、お互いに黙っている沈黙は気まずくなります。

このとき、第三者が乗り合わせていれば、静かにすることがエチケットに適うので気まずくなることはありませんが、知っているもの同士が二人だけになってしまった途端に気まずくなります。


ここで大切なのは会話の目的と沈黙の目的です。


自分のことも相手のことも尊重できていない状態だと、フラストレーション（不快な緊張や不安と不満）が非言語表現としてお互いに伝わってしまいます。

沈黙しているときにはマインドが他の非言語表現で漏れ出してしまいます。たとえば体であったり表情であったりです。

相手のマインドを非言語表現から観察し、相手が考え事をしたい、エレベーターから見える景色を楽しみたいと感じとった場合は自信を持って相手を尊重し、あなたも沈黙を楽しむマインドに切り替えましょう。

もし、相手もコミュニケーションしたいのだと感じ取った場合、会話の目的を「相手と親しくなりたい」と思い起こして、自分から笑顔で話しかけましょう。

相手の様子も見ないで「嫌だなぁ、早くドアが開かないかなぁ」などと思っていると、相手にマインドが伝わってしまい、ますます気まずくなっていきます。

相手の承認欲求に応えるには、予期せぬことが起こっても非言語表現を観察すること が大切です。


状況によって沈黙は使いこなすものなのです。

沈黙を活かす

「そもそも話すことがないから沈黙が生じているんだ」と思われるかもしれません。

しかし、意図しない沈黙は生じるものだとわかりました。

だからこそ、いつでも沈黙を使えるように準備しておくことが大切です。

そして、会話の目的と沈黙の目的を明確にした上で、活かしてみましょう。

意図しない沈黙が生じたら相手の様子を観察します。

相手が考え事をしたいのか?コミュニケーションしたいのか?を見極めます。

相手がコミュニケーションしてもいいと思っていると判断したなら、観察して得た情報から、ポジティブなことを選んで「お元気そうですね」「爽やかですね」などと声をかけます。

しかし、沈黙から、唐突に自分のことを話すのは抵抗を感じます。

ですから、相手に「何か楽しいことありましたか？」などと質問することで、相手の承認欲求に働きかけましょう。

また、話題が尽きて生じた沈黙の場合は、相手が不快と感じることはありませんので、ポジティブな話題を選んで思いきって話しかけてみましょう。相手の様子を見て話を終わらせたそうであれば「そろそろ行きましょうか」でもいいですし、話をして楽しかったことを伝えるのもいいでしょう。

相手がまだ会話を続けたそうなら、自分の話をしてみるのもいいかもしれません。

注意すべき沈黙

ところで「意図して作った沈黙」の使い方で注意があります。言いたくない回答を察してくれると勝手に信じた場合です。

一つは答えを委ねる沈黙です。反対意見を言わないことで同意したことを示す沈黙や、逆に同意しないことで反対したことを示す沈黙です。

なぜならば、言語表現で明確に伝えないと、相手は自分の都合の良いように沈黙を解釈しますので、あなたの意見が反対にみなされている可能性があるためです。

日本には、「あえて言葉にしなくても察してくれるよね」といった「察し合う」文化がありますが、多様な人々とコミュニケーションを取らなくてはならないこれからの時代には、相手に察してもらえるという過剰な期待を持たないほうが賢明です。

そしてもう一つは、「意図しないで生じた沈黙」であえて答えない場合です。

相手に対して失礼になるから、あるいは言ったら嫌われることが予想できているから黙ってしまう場合です。

たとえば普段から、「この人要領が悪いな」と思っていた相手から、「私って要領悪いですよね？」と尋ねられたときに、「そうですね」と思ってしまったがために沈黙してしまうときです。

相手はおそらく「そんなことないですよ」と言ってほしいのだと気づいたものの、嘘を言いたくはないし、かといって傷つけたくもない、そして嫌われたくもない、などと自分の中で葛藤が生じてしまい、いわばフリーズした状態として黙ってしまうのです。

この場合は、普段から相手を受容するマインドを心構えとして持っておくことが肝心です。

たとえばこのような返答しづらい質問をされた場合なら、なぜそのような質問に至ったのか相手が言ったことをそのまま事実として受け止めようとしましょう。

そして、相手に共感するために相手の質問の意図を確認しましょう。「なぜそう感じるんですか？」「○○さんはそう思っているんですか？」「私がそう思ってるように見えましたか？」などです。

その後、「何か困ってますか？」「私が失礼な態度をしていたらすみません」などと深い話ができるようになるでしょう。

そして一番注意しなくてはいけないのは、アメリカでは授業中の沈黙や会議中の沈黙は参加意志がない、やる気がないと見なされることです。

その場で必要なアイディアや自分の意見をアウトプットすることが最低条件であり、貢献する気があるかないかを常に見られているのです。

グローバル化が進んだ日本でも、あえて言わないという沈黙の文化はネガティブに働く場合があるということを覚えておきましょう。

FINAL
CHAPTER

アメリカの中高生が学んでいる「話し方」実践編

CHAPTER1〜3で「アメリカの話し方」の
3本柱を学びました。

ここまでは「アメリカの話し方」を体系的に学ぶために、
あえてこの3つを別々に学びましたが、
実際のコミュニケーションの場合では
この3つは同時に必要になります。

実際の場面では、「マインド」を整えつつ、
「言語表現」と「非言語表現」も同時に駆使することで、
魅力的な話し方を実現します。

「雑談・日常会話」「交渉」「説明」など、
各場面ごとに3本柱をどう同時に活用すればいいのか。

より実践的な練習をしていきましょう。

SECTION 1

アメリカの中高生が学ぶ「雑談・日常会話」のルール

CHAPTER 1から3にかけて、話し方のマインドを整えて、言語表現と非言語表現で相手の承認欲求に応える方法についてお話ししてきました。

FINAL CHAPTERでは、実践編として雑談・日常会話と交渉、説明、共感を呼ぶ話し方、そしてスピーチ・プレゼンテーションの各ルールについて学んでいきましょう。

実践編の始めとして、雑談・日常会話において、目的が何であるかを確認し、相手を受け入れ、言葉と言葉以外で表現するルールについて学びます。

STEP 1 目的＝親しくなる

まずは、マインドです。

そもそもなぜ雑談や日常会話を行うのか。

その目的を明確にすることから始め、マインドを整えます。

雑談や日常会話を行う目的は、その時々において一人ひとりがそれぞれに持っています。

世の中で起きている諸々の話題で盛り上がりたいとか、お互いの近況を確認し合いたい、あるいは誰かの噂話を共有したい、ちょっと高尚なテーマで議論したい、もしくは共通の趣味について情報交換したり、仕事の大変さを共感し合ったりしたい――。

しかし、これらの目的のその先にある大きな目的は、結局のところ**「人間関係を良好にして親しくなること」**ではないでしょうか。

「おはようございます」や「いい天気ですね」「最近、調子はどう?」といった当たり障りのない挨拶から始まる雑談や日常会話も、相手と良好な人間関係を築くことを目的に行っている、ということを明確にすることで、とても重要なコミュニケーションであることに気づきます。

このように「親しくなる」ことが目的であることを再認識し、マインドセットした上で、次のステップである「受け入れる」に進みましょう。

STEP 2 受け入れる

雑談や日常会話の目的は「親しくなる」ことでした。

親しくなるためには、相手に好かれるコミュニケーションを行わなければなりません。

しかし会話の相手は実に様々なバックグラウンドを持った人たちです。

そこでSTEP②は、そのような多様な人々を「受け入れる」ことになります。

多様な人々を受け入れるには、相手をリスペクトしながら共感を持って対応できる準備をし、そして言語と非言語の両方で受容します。

多様性を受け入れる

会話の相手は自分とは異なる人なのですから、趣味も違えば育ってきた環境も異なります。

信仰している宗教も違いますし、仕事も違う。詳しい分野も異なりますし、性格も違う。

また、こちらが親しくなりたいと思っていても、相手は同じようには思っていないかもしれません。

そういったことも含めて受け入れるという心構えが必要です。

なぜ、多様性を受け入れることが大切なのでしょうか。

もし、あなたが、自覚しているかいないかにかかわらず、「会話の相手はこうあるべきだ」と決めつけていたら、ほとんどの相手と親しくなるための有意義なコミュニケーションを行うことはできません。

当たり前のように思えますが、多くの人がいつの間にか相手に自分と同じ考えや感性、行動様式を持つことを期待してしまいます。

しかし相手は自分とは別の人格なのだ、人はそれぞれ異なるのだ、という当たり前のことを改めて受け入れなければ、親しくなるための会話を始めることは困難です。

同じマンションの住人にゴミ出しのときにすれ違ったので、「おはようございます」と親しみを込めて言ったのに、挨拶が返されなかったということがありました。

たったそれだけのことで、あなたは不愉快な一日を始めることになりました。

「無視された」「わざと挨拶しなかった」などの憶測から相手を悪く決めつけたのです。

これは、「挨拶が返されなかった」という事実をそのまま受け入れることができていないからです。

挨拶一つを取っても、あなたは相手も同じくらいの笑顔で「おはよう」と返してくれるはず、と期待していたのでしょう。

このように決めつけてコミュニケーションを始めるのか、どんな挨拶でも受け入れるつもりでコミュニケーションを始めるのか、では大きな違いがあります。

「親しくなりたい」場合、まずは相手をネガティブに捉え勝手に怒ったりしないように、多様性を受け入れる心構えが必要なのです。

そして「この人は挨拶が苦手なのかな?」「挨拶ができない理由が何かあったのかな?」「もしかして意地悪されたのかな?」と、ポジティブな憶測とネガティブな憶測が浮かぶとは思いますが、どれも決めつけないことが大切です。

要するに、**あなたが相手に期待することは構いませんが、あなたが相手を決めつけることは「相手を受け入れる意思がない」ということになります。**

良好な関係を築くためには、相手を無理に変えようとすることは得策ではありません。

相手をそのまま受け入れることに焦点を当てることが、自分でできる唯一の自由なのです。

だから、多様性を受け入れることに取り組む姿勢が必要になるのです。

受け入れ始めると、いろいろな人たちと親しくなるための会話を始めることができます。

多様性を受け入れるというと、外国人を受け入れることだと思いがちですが、同じ日本人であっても多様なのです。

ですから、改めて多様性を受け入れることを心がけなくてはなりません。

「そんなことわかってる」と思われるかもしれませんが、日常ではほんの些細なことで相手を受容できないことがあります。

たとえば、妻が長かった髪を短く切って、ずいぶんと若返ったと感じてご機嫌です。妻はそのことを夫に気づいてもらい褒めてほしいと期待しています。

しかし、夫は全く気づく様子もなく食事をしています。

妻はなぜ、気づいて褒めてくれないのだろうとがっかりしてしまい、夫が自分に無関心なことに苛立って、「あなたはいつもそう。帰宅したら、まず妻の変化に気づくのが夫婦のあるべき姿よ」と不満をぶつけました。

妻は「髪を切った私に気づくべきだ」と決めつけて、気づかない夫に怒っているんですね。

しかし、もし期待通りに気づいたとしても、「髪切ったんだー」と事実をコメントしただけであれば不満だったでしょう。

髪を切って喜んでいる妻に「髪切ってよかったね」と共感しても、期待通りのコメントではない限り「それだけ？」「なんか他に言うことないの？」などと詰め寄ってくるでしょう。

そこで「あー、年相応でいいんじゃない」と、妻が期待していた褒め言葉と異なれば、機嫌が悪くなり、期待通りのセリフが出るまで夫を責め続けるでしょう。

つまり、妻は夫の行動や感情、言うべき台詞までこうあるべきと決めつけているのです。

これでは、夫は自分が本当に感じたことや考えたことを言えなくなってしまいます。

妻は、夫の本当の気持ちを聞く気がないのです。

要するに、夫がどんなことを感じて何を考えたのかにまるで興味がないと言えます。

妻がもし夫にリスペクトを置いていたなら、夫に褒めさせようと強要することはしていなかったでしょう。

褒めてほしいと期待することは構いませんが、思っていない相手に強要してまで期待している言動を求めるのは、心地よく思わないでしょう。

良好なコミュニケーションを目標にする場合は、妻は夫にリスペクトを置いて受け入れる態勢が必要です。

まず、髪を切ったことに気がつかない夫を受け入れて、「髪の長さに無関心なのかもしれないな」「気づいたけど、別にいちいち感想を述べる必要はないと感じているのかな」と、夫を理解する努力をしましょう。夫を怒るのではなく夫のことを解釈しようとするのです。

それでも気づいてもらいたい場合は「髪切ったんだけど、どうかな？」と聞いてみましょう。

このときにどんな意見を言うかは相手の自由です。なので、どんな意見を相手が言っても怒らないことをまず決めておきましょう。

必ず期待通り褒めてくれるとは限りません。

もし「老けた感じがする」と言われても、妻はそのまま夫の感じたこととして受け入れることが相手の意見の尊重です。

相手の考えや感じたことをそのまま受け入れるのは、傷ついたりすることもあり勇気がいることですが、相手を尊重し、受け入れることができたなら良好な関係性を築くことができるでしょう。

柔軟に心構える

多様性を受け入れることを心構えるというのは、相手がどのような態度を示したり言葉を発しても、落ち込んだり苛立ったりしないぞ、と構えることです。


バレーボールをしているときに、相手がアタックしてくるかもしれないし、ほわっと緩く打ち返してくるかもしれないけれども、自在にレシーブできるように構えている態勢がコミュニケーションでいう相手を受け入れる態勢です。

先程の挨拶のように、返事をしてくれないかもしれません。

「もうすぐブラックフライデーですね！」と話しかけても、「だから何？」という興味のない顔をされるかもしれません。

それでも、「いろんな応え方があるんだろうな」と想定していれば、腹を立てることもありません。

とはいえ、それこそ多様性は人の数だけあるので、最初はやはり想定しきれない態度や言動に出くわすでしょう。

しかし数打つうちに、ある程度想定できるようになってきますし、たとえ想定外でも、個性と捉えられるようになり「なるほど、面白い」と思えるようになってきます。


Kさんに、学生時代の同級生のLさんから10年ぶりに電話がありました。いつも上から目線で話しかけられ苦手だと感じていたので、「なんで私に？」「嫌だな」と不信に思いながら電話に出ると、「アラビア語教えて」とのこと。「私に頼むなんて」と、親しくなれないと思っていた同級生からのお願いに驚きましたが、「昔から興味があったんだけど言えなくて」と言うので、頼りにしてくれたのかと思ったら急に嬉しくなったそうです。

私たちは昔知っていた相手が過去のままだと決めつけてしまいがちです。人それぞれ、見た目も変化するでしょうし、いろいろな経験をして考え方も成長し、感じ方も変わります。

今も昔のままとは限らないのです。

Kさんは苦手だったLさんを受け入れたことで、人間関係が再スタートしてLさんと親友になれたそうです。

また、地味なスーツでおとなしい雰囲気の人がいたので「こんにちは、社長さんいらっしゃいますか?」と気軽に聞いたら「はい。私です」と言われ、社長は高級感ある服装で堂々とした雰囲気と決めつけていたことから恥をかいたという話や、いつも面倒なお願い事ばかり言ってくる相手から話しかけられたときに、「うわ、また面倒なことか……」と思って構えていたら、とてもありがたい話をされて、自分の決めつけに反省した、なども決めつけていた例としてよく聞く話です。

また、人を決めつけていたことで、会話の途中で相手を怒らせたり、傷つけたりすることもあるかもしれません。

自分が決めつけていることを気付いていないこともよくあることです。「そういうつもりじゃなかった」などと言い訳をするよりも「あ、何か言ってしまったらしい」とまずは事実を受け入れ、話を聞こうとしてみましょう。

現実の人々は、あらゆる態度や言動を示しますので、親しくなりたいという目的を持ち、決めつけない意識をすることで、受容の器が大きくなっていきます。

言語、非言語で受け入れる

多様性を受け入れるには、相手の意見や気持ちを尊重し、受け入れる準備をしますが、この受容の準備とは、言語で来る場合もありますし、非言語で来る場合もあります。

そして、言語と非言語は多くの場合同時に表現されてきますが、時折、非言語のみで表現されることもあります。

先程の例で言えば、「おはようございます」と挨拶しても、無言で言語による表現がされていないのに、表情はムスッとしていて不愉快だという言語で感情が表現されているなどです。

いずれにしても、雑談と日常会話の目的が「親しくなること」ですから、受け入れる際にはできる限りポジティブな部分にフォーカスするか、ポジティブな要素がなければポジティブに変換することを心がけます。

たとえば姑が自分の息子にネガティブな表情で話してきました。息子の嫁に畑から今朝採ったばかりの大根を持っていったところ、嫁は大根を受けとるときに「次は土がついたままもってこないでください」と言ったことに腹を立てているのです。「ホントに可愛げのない嫁ね」という姑に、息子は「そうだったんだね、母さんに甘えてたんじゃないかな」など、と一旦受け入れて、ポジティブに返すイメージです。

「人間関係を良くすること」「親しくなること」が目的である以上は、ネガティブな面を追求するよりは、ポジティブな面に気づき、ポジティブな話にシフトしていくことが大切です。

もちろん、ネガティブな面に共感することでも相手との距離を縮めることはできますが、ネガティブな共感を発展させると、自分まで常にネガティブな感情を持ちやすくなってしまいます。

よくあるのは、仕事帰りに飲みに行くたびに、上司や会社の悪口ばかりを言っている相手に対して共感ばかりしていると、自分まで上司や会社に対してネガティブな感情を抱くなど引きずられるようになってしまいます。

ですから、**ネガティブな表現でもポジティブな表現で返すことを心がけましょう。**

これは、言語においても非言語においても共通して言えることです。

STEP 3 言葉、言葉以外で表現する

相手の多様性を受け入れたら、今度は相手の承認欲求に言語と非言語で表現して返しましょう。

言葉はポジティブ、言葉以外は合わせる

相手から言語と非言語の表現を受け取って、その表現が言語と非言語共にポジティ

ブであれば、そのままポジティブな言語と非言語で表現して返しましょう。

しかし、言語と非言語がネガティブだった場合は、言語はポジティブに返して非言語は相手のテンションに合わせるのがコツです。

たとえば、「あの人だけは許せない」とネガティブな言語と同時にため息をつくネガティブな非言語で話されたら、一旦受け入れて「そうなんだね。あの人にそんな強い気持ちがあったんだね。一緒に解決策を考えよう」などと言語ではポジティブに返しながらも非言語では相手のテンションに合わせた表現をします。

表情と声のトーンは相手の感情により近くなるようにするイメージです。

もしもこのときに、表情や声のトーンまで明るく返したら、相手は共感されなかったことを寂しく感じるかもしれません。

ですから表情や声のトーンといった非言語はテンションを合わせながらも、言語は「一緒に解決策を考えよう」と返すのです。

あるいは、相手が前のめりになってネガティブなことを話してきたら、こちらも非言語表現で前のめりに合わせますが、言葉だけはポジティブに変えて返してあげます。

その他、話す抑揚や速度なども、相手になるべく合わせます。**とにかく非言語は相手に合わせることが大事です。**ここで言語まで相手に合わせてしまうと、ただの悪口や、ネガティブな会話になってしまいます。

言語で合わせていなくても、受け取り方の比重として重いほうの非言語で合わせているので、相手は共感されたと感じて悪い気はしないでしょう。

また、相手との関係性にも注意します。

たとえば、上の立場の人から「さっきの発表とても良かったじゃない」と褒められたときは「はい。かなり練習時間もいただけたので、綿密な準備が行えました」などと敬語で謙遜しながらも、声のトーンや表情の非言語は相手に合わせて明るく表現します。

何事もＴＰＯが大切ということですね。

話し出す前に「ああ」「おおっ」を付ける

話しかけるとき、どんな呼びかけの言葉を使っていますか？

いつでも同じ定番の言葉ばかりを使い回していませんか？

「ねぇ」「おい」「ほら」などの呼びかけの感嘆詞・感動詞を付けると、相手には「さぁ、今から言いますよ」という合図になるため、聞き取ろうと構える準備の時間を与えることができます。

そのため、相手にとっては気持ちの余裕が生じ、悪い気はしません。

話しかける

また、感嘆詞・感動詞は、短い言葉に自分の感情を込めたり、感情の変化を伝えたりするのに役立ちます。

話しかけるときも、誰かの顔を見たときに伝えたいことを思い出して「○○さん。少し話していいですか？」と声をかける場合、（ああ、そういえば）という心の声を「ああ」でまとめて「ああ、○○さん。少し話していいですか？」と、あえて心の声を発声して、「今思い出して急に話しかけるけどごめんね」ということを相手に伝えます。

また、呼びかけでも感情を伝えることができます。相手を見つけた時は「あれ⁉（驚き）」「あれ？（疑問）○○さん？」、自分に注目して欲しい時には「ほらっ（喜び）見ててー」「ほらっ（怒り）みたことか」などがあります。

返事をする

返事をするとき、「う〜ん」「えっと」「そうね」という感嘆詞・感動詞を付けると「う〜ん、そのパターンもあったのかー」「そうだなー、少し考えていいですか？」

と、自分の考えている時間や言葉を選んでいる時間だということを相手に知らせることができます。

たまに、相手の問いに対して、答えがすぐ思い付かずに沈黙になってしまう人がいます。

それが、不安や緊張を感じているのか、情報を整理しているのか、または、圧倒されていたり相手の反応を探っているなどの時間だとしても相手には理由がわかりません。

そのため、不自然なコミュニケーションになり、不思議に思ったり「怒らせたのかな?」と気を遣ってしまうため、有意義に使っていきましょう。

返事をするときにも（おおっ、驚いた）という心の声を、「おおっ、そんな事態になっていたんですね」と、「おおっ」を入れることで感情を端的に伝えることができます。

呼びかけや返事の頭に入れる言葉は「ああ」「ええ」「おお」「うーん」などいろいろと考えられます。

ただ、話しているときに毎回入れると鬱陶しいので、話が自分の番に回ってきたときの最初だけ入れるといいでしょう。

また、これらの言葉は、わざわざ言葉にすると照れくさかったり説明的になってしまって興ざめしてしまったりするような言葉を略す機能もあります。

たとえば「今日はこの場であなたに会うことができて嬉しいです」と言うと、やけにかしこまっていて他人行儀な距離感を作ってしまいますが、説明部分を「わあっ」で略してしまって、「わあっ、会えて嬉しい！」と言えばぐっと距離感が縮まり親密さを増します。

そしてこれらの「ああ」や「ええ」などを入れるときには非言語表現のほうは感動や感謝、感嘆の気持ちを表すようにします。

「みぞおち」を相手に見せる

雑談や日常会話の最中の姿勢はどうしていますか？

成り行きで様々な姿勢をしていませんか？

たとえば、すれ違いざまに会話が始まったときは、お互いに行こうとしていた方向に体を向けたまま、顔だけ相手に向けて会話しているかもしれませんし、資料棚で資料を探している最中に後ろから話しかけられて、振り返りもせず体と顔は資料棚のほうに向けたまま、相手には背中を向けて返事をしているかもしれません。

日本語には「背中を向ける」と言うのは興味がないことや拒絶を表す行為の比喩で使われます。

肯定的なコミュニケーションの姿勢とは対照的に、関係の断絶を示すことになるので気をつけましょう。

反対に「腹を見せる」という言葉は、動物が相手に警戒していないことを示す際に腹を見せることの例えで、内面の感情や意見や意図を隠さず、信頼を示す態度を指します。

また「胸を開く」という言葉は、本心を隠さず、考えや感情を打ち明けること、「胸を張る」は自信を持った正直さを表す言葉です。

これらをすべて合わせ、相手にみぞおちを向けると「あなたを受け入れる態勢ですよ」「あなたを信頼しています」「オープンな状態ですよ」「自分軸を持ってます」という非言語表現を示していることになります。相手と「親しくなる」ことを目的としているのであれば、ここはしっかりと相手にみぞおちを見せる姿勢で会話を進めてください。

みぞおちを相手に向けようとすると、必然的に体全体が相手に向き、姿勢もよくなります。

みぞおちを向ける姿勢は「信頼のサイン」とも呼ばれており、マインドとマインドのコミュニケーションには非常に有効です。

このとき、手はハンドオープンな状態でアイコンタクトも行うことが基本です。

ただし、やはり大切なのはマインドが相手に対してオープンになっていることです。たとえばみぞおちを見せていても、マインドが「早くここから立ち去りたい」となっていると、足だけはドアの方に向いてしまったりして、しかもそのような不自然さはすぐに相手に感づかれてしまいますので注意しましょう。

SECTION 2

アメリカの中高生が学ぶ「交渉」のルール

相手と親しくなるための雑談・日常会話におけるルールについてお話ししましたので、次に「交渉」におけるルールについて学びます。

STEP 1 目的＝要望を細かく分ける

雑談・日常会話のときと同じように、まずはマインドです。

交渉をする目的を明確にしましょう。

日本ではネゴシエーションを学ぶ機会が少ないので「交渉をしなければならない」などといった言い方をしてしまうように、交渉に苦手意識のある人は多いでしょう。たとえば、賃金を上げてほしいだとか、材料を提供してくれている業者さんに仕入れ価格を下げる交渉などは、なかなかに億劫なものです。

そこで私がまずお伝えしたいのは、交渉は競争するだけではないということです。勝ち負けを争うだけの行為ではないということです。「親しくなること」を目的にしたのなら、交渉とはお互いがWin-Winとなるような最善点を見つけ出して折り合いをつけることです。

しかも交渉というのは、実は日常生活においても頻繁に行っています。交渉というと、なんとなくバリバリのビジネスパーソンが、市場での生き残りをかけて相手企業の担当者と駆け引きをしているイメージがあります。

確かにこのような交渉もありますが、実際にはもっと日常的に、しかも一日のうちに何度も行っているのです。

たとえば、あなたのスマートフォンに友人からメッセージが届いたとします。「今日、17時に池袋で会わない？」と書かれているのに対し、あなたは「いや、18時にしてくれない？」という何気ない会話も交渉なのです。

しかし、ほとんどの人は、このような日常的なやり取りが交渉だとは認識していません。

ですから、まずはこのような日常のやり取りがすでに交渉であることを認識してください。

子どもが親に「宿題終わったらゲームしていい？」と聞くことや、「これ買って！」と泣き叫ぶのも、交渉しているのです。

特に「親しくなること」が目的の場合は協力的ネゴシエーションを目指します。

協力的ネゴシエーションとは、お互いの利益を最大化するための交渉です。

勝ち負けを決めるための交渉ではなく、利害が一致する解決策を模索するのです。

あるいはお互いが譲り合えるところで折り合うための交渉です。

多くの人が「交渉は苦手」と思っているのは、勝ち負けを決めるための交渉だけをイメージしているためです。誰かが一方的に負けなければならないと考えると、憂鬱になるからです。

このような競争的交渉では、目的は自分の要求を通すことのみに絞られますから、限定的な何かを勝ち取るために何でもします。

不利になる情報を隠蔽する、弱みに対して圧力をかけるなど、相手の気持ちなどは斟酌しません。

その後の相手との関係性など考慮の外です。

競争的交渉では2つの立場が考えられます。

一つは積極的交渉を行う立場で、圧倒的に優位に立つ側の交渉方法です。親が子どもに対して「これをやらなければこれを買ってあげない」など相手の意見は考慮せずに、一方的に要求を押し付けます。

また企業が購入側である優位性を使って、仕入先に対して「値下げしないなら他から買うよ」などと一方的な値下げ交渉で、立場の弱い業者は渋々値下げに応じるしかないなどです。

もう一つは受動的交渉を行う立場で、自ら譲歩しなければ交渉が成立しない場合です。

この立場では、相手と対立して関係性を損なわないために、自らが不利益を被ってでも相手の要求をのみます。

先程の例で言えば、値下げを要求された立場の弱い業者に当たります。

競争的交渉では、とにかくその場限りの短期的な利益が優先されます。

前述の業者であれば、取引先を失うことを恐れて値下げに応じます。

長期的に見れば損をしているかもしれないのに、相手の要求に応じざるを得ません。

しかし、「親しくなること」が目的の交渉では、協力的ネゴシエーションを行います。

アメリカではネゴシエーションについて学ぶ機会がたくさんあります。

その中でも、最も理想的なネゴシエーションとしてお互いにWin-Winとなる協力的ネゴシエーションを学びます。

そして協力的ネゴシエーションを行うために必要なのは、視野を広げたマインドを持つことです。自分の要望を明らかにし、細分化することです。

たとえば、あなたが友人と洒落たレストランで食事をしたいという要望があります。しかし友人はリーズナブルなレストランがいいと言います。

お互い、このレストランに行きたいという**限定的なものにこだわるのではなく、まず譲るところも猶予に入れて候補を出し合うことが大切です。**

お互い限定的な要望ではなくあなたはおしゃれ度が高いレストランのリストを出し、友人はリーズナブルなレストランのリストを出しましょう。

STEP 2 要望を優先順位付けする

お互いの要望をリストにしたら、次にあなたはおしゃれ度が高いレストランランキングを値段の安い順に並べ替え、友人はリーズナブルなレストランランキングをおしゃれ度が高い順に並べ替えます。

この中であなたも友人も譲り合えるお店を選ぶのです。

これが協力的ネゴシエーションです。

STEP 3 聞き、観察して、相手の優先順位を把握する

前のSTEPで自分の要望のランキングを作成することについて述べましたが、「親しくなる」ための協力的ネゴシエーションでは、相手の要望ランキングも把握する必要があります。

そのためには、**相手の要望の優先順位を汲み取ろうとする会話が必要です。**

前のSTEPの例で言えば、一緒に食事するレストランはリーズナブルなほうがいい理由を聞きましょう。

リーズナブルとはいくらからいくらまでの料金の幅を想定しているのかを聞いていきます。

それが分かれば、自分が作成したおしゃれ度が高いランキングと擦り合わせて、交差したお店が二人が折り合いを付けられる最善点となるはずです。

もちろん、最善点を見出してからも交渉を続けて構いません。

たとえば相手はどんな条件（グラスワインが込みだとか普段はいけない会員制の場所に特別に行けるなど）が付けば、相手はもう少し料金を引き上げられるのか、あなたはどんな条件（お店に文化的なエピソードがあるとか盛り付けが独創的など）があればおしゃれの感性を広げることができるのかなどです。

STEP 4

「理由」を知る、言う

お互いの優先順位が明らかになったら、あなたは相手の提示した優先順位について、その理由を理解するように努めます。

単に優先順位を知っただけでは、その背後にある相手の思い入れがわかりません。理由によっては、相手がこれ以上譲ることができないことがわかります。

もしかしたら、相手はイタリアンならこの料金が上限だけど、フレンチならもう少し上げてもいいと思っているのかもしれません。

次に、今度はあなたが、なぜ自分の優先順位がこのようになったのかについて説明しなければなりません。

その際も相手の考えや感情を尊重して相手をリスペクトしながら話すようにします。決して我を通すような話し方をしてはいけません。

相手を理解した上で、自分も主張します。

相手を理解していないにもかかわらず、自分だけが主張しないようにします。

そして**交渉に夢中になって、うっかり競争的交渉になってしまわないように、注意しましょう。**いつの間にか自己中心のマインドが表れ、勝ち負けの意識が生じてしまうことがあるかもしれません。

そして交渉を始めると忘れてしまいがちなのですが、そもそもなんでおしゃれなレストランで食事をしたいのかを忘れないようにすることです。もしかすると、第三の選択肢があるかもしれません。

たとえば、いつもと違った、普段では体験できないような非日常的な環境で食事をしたかったのがそもそもの理由だったのだとすれば、おしゃれなホテルのリーズナブルなビュッフェやバイキングで食事した後で、同じホテル内にあるカクテルバーで食後酒を楽しむのでもよいのかもしれません。

ですから、交渉で折り合いを付けることが困難であると判断した場合は、そもそもの食事に行くきっかけに戻って、第三の案を検討することも協力的ネゴシエーションです。

このような第三の案を俎上に載せ、最終目的は、「親しくなる」ことが目的であることを忘れないように楽しく交渉し直しましょう。

SECTION 3

アメリカの中高生が学ぶ「説明」のルール

相手と親しくなるための「交渉」のルールについてお話ししましたので、次に「説明」のルールについて学びます。

STEP 1 目的＝わかりやすさ

相手に説明するときに注意したいのは、言語表現においてわかりやすく説明することは当然ですが、非言語表現で余計な情報が伝わってしまわないようにすることです。

それは、自分のことを賢く見せたいとか、説明しているうちに自分が聞き手より偉くなった気分になるといった虚栄心や慢心などです。

また、自分が説明する側に立っていることで自分のショーを始めてしまっている自己顕示欲です。

このような情報が非言語表現として相手に伝わってしまうと、相手に不快感を与えてしまい、「親しくなる」目的を達成することができません。

そこで、これらの余計な情報が非言語表現として伝わらないようにするためには、相手中心のマインドを持つことが大事です。

説明は、あくまで相手が理解することが目的です。自己中心的で一方的な説明にならないように気をつけましょう。

したがって、相手が今どこまで理解しているのか、何を理解したいのかを確認しながら説明する必要があります。

そこで次のSTEPの「オープンクエスチョンで質問する」方法を学ぶ必要があります。

STEP 2

オープンクエスチョンで質問する

私たちは説明するというと、説明者が9割話して聞き手が1割話すといった割合を想定していないでしょうか。

教師が9割話して、聞いている生徒が1割答える光景が目に浮かびやすいと思います。ところが、アメリカで行われているアクティブリスニング（積極的傾聴姿勢）では、教師が2割、生徒が8割ほどの割合で話します。

わかっていることや理解したことを自分の言葉で語ってもらうことを大切にしています。

結局、説明するというのは相手が理解することがゴールですから「相手が8割」を意識して話してもらうほうが結果的に効率的なのです。

このように相手に話してもらうことで、相手の理解度を確認していきます。

相手は自分がまだよくわかっていない状態に対して劣等感を持っているかもしれま

せん。

そこに「どこまでわかっている？」といったダイレクトな質問をすると、相手は傷ついてしまうかもしれないのです。

ですから、あくまで「あなたがどこまでわかっているのか教えてください」というお願いのマインドを持ちましょう。

たとえば、相手が「ヨガについて知りたいのですが」と質問してきても、ヨガの歴史を知りたいのかポーズを知りたいのか、あるいは健康への影響を知りたいのか聞き出さなければなりません。

そこで、「ヨガについてですね。どうして興味を持たれたのですか？」と尋ね、「最近、自律神経が乱れているのか、呼吸が浅かったり手に汗をかいたりするなど、なんだか不調なんです」と答えが返ってくれば、「なるほど、ヨガの健康への影響に興味があるのですね」と知りたいことが明確になってきます。

相手の理解度を確認するための質問をするとき、非言語表現に「そんなこともわからないの？」や「何でわからないの？」といった、相手を見下すような感情が出てしまわないようにしなければなりません。

また、「いったい何がわからないのか?」といった尋問のようになってもいけません。

あくまで相手リスペクトのマインドを忘れないように質問しましょう。

そして、質問するときには基本的にオープンクエスチョン形式にします。

オープンクエスチョンとは、「はい」や「いいえ」で答えられない質問の仕方です。反対に、「はい」や「いいえ」で答えられる質問の仕方をクローズドクエスチョンと呼びます。

たとえば「あなたは会社員ですか?」という質問は、「はい」か「いいえ」で答えられるのでクローズドクエスチョンですが、「あなたのお仕事は何ですか?」に対しては「はい」や「いいえ」では答えられませんのでオープンクエスチョンです。

このように、質問をオープンクエスチョンにすることで、できるだけ相手の話す割合が高まるようにします。

オープンクエスチョンは話を展開させる質問形式ですが、これに対してクローズドクエスチョンは結論を急ぐ質問形式だと言えます。つまり、早く話を終わらせたいときに使えます。

ですから、「親しくなる」ことが目的の会話では、クローズドクエスチョンではなく、オープンクエスチョンを使うことが基本となります。

STEP 3 「タイトル化」をする

オープンクエスチョンによって相手の理解度が把握できれば、相手が理解できていない部分を説明することになります。

このとき、相手が理解しやすい説明の仕方として、これから説明しようとしている内容をタイトル化して示します。

つまり、これから何の説明をするのかを最初に端的に示してあげるのです。

たとえば、先程のヨガが健康に与える影響について話すのなら、「これから『ヨガが自律神経に与える影響』について説明します」と宣言してから話を始めます。

すると、相手は主題が明らかにされたことで、話を理解する準備ができます。

タイトルを示さずに話を始めると、結論が出るまで「いったい何が言いたいのだろうか？」と手探りの状態で話を聞くことになってしまいます。

また、先にタイトルを宣言することで、もしもそれが相手の聞きたい内容でなければ、話す前に「いいえ、私が聞きたいのはそういうことではありません」と、こちらの勘違いに早く気づいてもらえます。

説明上手は「自信」で決まる

さて、説明する内容をタイトル化して、いざ説明を始めるとき、やはり自信を持って説明してください。

自信がないと、そのことは非言語表現として相手に伝わってしまいますから、相手は説明の内容が信用できない、と不安になってしまいます。

つまり、自信を持って説明するのは自分を鼓舞するためではなく、ましてや自己満足に浸るためではありません。

相手に安心して聞いてもらうという、思いやりの視点から重要なことなのです。

ですから、「自信を持つことがなんだか高慢な気がして今一つ気が進まない」という人は、相手が理解することを中心に非言語表現を考えてみましょう。

また、人は自信がなさそうな人からの説明は「情報価値が低い」と感じ、逆に、自信のある人からの説明は「情報価値が高い」と感じる傾向があります。

ここでもやはり、マインドが大切なのですね。

説明はジェスチャーでパワーアップ

自信を持って説明するときは、非言語表現であるジェスチャーなどのボディーランゲージ、パラランゲージを大いに活用しましょう。

パラランゲージとは、言葉と一緒に非言語で意味を強化するものです。

特に説明においてはジェスチャーが相手の理解を助けるために効果的です。言葉だけで「ここがポイントです」と言うよりも、人差し指を立てて強調する動作を付けるほうが、相手に伝わりやすくなります。

また、「たとえばAさんとBさんがいて」と言葉だけで説明するよりも、両手でそこにAさんがいるかのように人の形を描いて見せて、その隣にBさんがいるかのように両手で人の形を描いて見せることで、相手の想像力を引き出します。

特に注意して聞いてほしいときには、ゆっくりめに話しながら声のボリュームを少し上げるなどするパラランゲージが効果的です。

メリハリができて相手も理解しやすくなり、相手の注意力が散漫になることを防げます。

そして説明における言語表現は重要なキーワードを強調し、非言語表現は、イメージを伝えることを意識してください。

相手が頭の中に視覚的にイメージを描けるような情報を、ジェスチャーやパラランゲージで強調的に伝えることが効果的です。

SECTION 4

アメリカの中高生が学ぶ「共感を呼ぶ話し方」のルール

相手と親しくなるための「説明」のルールについてお話ししましたので、次に「共感を呼ぶ話し方」のルールについて学びます。

STEP 1

目的＝気持ちに共感する

まず自分が相手に共感することが大切です。

ここで、もう一度、共感するとはどういうことか確認しておきましょう。

共感と同意は、混同しやすく、使い分けることが大事です。

同意とは、相手の意見や考えに賛成するという意味です。

一方、共感とは、必ずしも相手と同じ意見ではないけれども、相手が考えていることや感じていることの理解を示すことです。

ですから、「私はあなたのその考えには同意できないけれども、そのように考えている気持ちは理解したし、共感できるよ」という言い方は矛盾しません。

相手に共感するためには相手が話しやすいように聞く態勢を作ることが大切です。

よく、有名人がそれまで隠していたことを、意を決してカミングアウトしたとき、その考えには同意できなくても、「よく話してくれた！」と共感するファンは多いですよね。

つまり、話の内容ではなく自分がオープンで話したことに対して聞き手が感情を受け入れたことが共感です。

ですから、相手に共感してもらうためには、自分の考えを主張するだけではなく、その考えに至った経緯や背景について、自分からオープンにすることが重要です。

自分の背景をオープンにすることで共感を得た例を紹介しましょう。

友人が数人集まって「今度の連休はみんなで熱海に旅行に行こう」と話が盛り上がったときに、Mさんが「ごめん、熱海は無理」とだけ言うと嫌な雰囲気になってしまいました。

そこでNさんは、Mさんに「Mさんは熱海には行けないんだね。なにか理由があるの？」と共感しながら質問したところ、Mさんは「実は昔熱海に住んでいたことがあって、父が事業で失敗して熱海の人たちにかなり迷惑をかけたの。そのことで、毎日のように熱海の人たちが家に押しかけてきた経験があって、未だにあの辺には行くのを控えてるの」と経緯や背景をオープンに話したので他の友人たちも、「それは怖いよね。わかった、熱海はやめようね」と共感してくれて、行き先を日光に変更してみんなで仲良く旅行を楽しみ人間関係も深まりました。

STEP 2
自己理解を適切に話す

自分がいかに不遇な時代を過ごし、これ以上はないと言うほどの失敗と挫折を経験しながらも、このビジネスに出会って今の成功を掴めたのです、という体験談をプロフィールや広告でよく目にします。

自分のネガティブな体験をカミングアウトすると共感を得やすくなります。

この共感させる方法を、ビジネスのテクニックとして利用する人たちもいるほど共感には人の気持ちを動かす力があることを示しています。

人の感情や思考、経験や環境は、その人を形成する大きな要素です。

ですから、なぜ、今の自分が形成されたのかを語れることは重要視されます。

特にアメリカでは、皆と同じ考えでここまで来たのではない、と主張できることが評価されます。

なぜそのように考えているのか、なぜそのように行動しているのか、なぜそのような選択をしたのかという自己理解が大切です。

この自己理解を目的に合わせて適切に話すことができるようになることがアメリカの教育の基本です。

つまり、共感を呼ぶ話し方ができること。

これが、アメリカの話し方教育のゴールです。


共感を得るためには経緯や背景といったプロセスを説明できなければなりませんが、自分ばかり主張しないことも大切です。

つまり、「主張するのは今だ」とタイミングを摑む必要があります。

主張すべきタイミングではないときに主張を始めてしまうと、共感どころか反感を持たれてしまうため相手の状況を把握する観察力が必要です。

相手をリスペクトするマインドで観察し、理解しようと努める姿勢は共感を呼ぶ話し方の土台です。さらに自分の事をオープンにできる範囲でオープンにすることで、より深い共感を呼ぶことができるでしょう。

SECTION 5

アメリカの中高生が学ぶ「スピーチ・プレゼンテーション」のルール

相手と親しくなるための「共感を呼ぶ話し方」のルールについてお話ししましたので、最後に「スピーチ・プレゼンテーション」のルールについて学びます。

STEP 1 目的＝心を動かす、行動を変える

スピーチとプレゼンテーションの違いは、スピーチが主に人の心を動かすことを目

指すのに対して、プレゼンテーションは主に人の行動を促すことを目指していることです。

どちらも、話を聞いた人に影響を与えることが目的となります。

スピーチとプレゼンテーションは、どちらも話し手に自信が必要です。

その自信を築くためには、「キャラクター設定」を行うことが一つの有効な手段となります。

たとえば、私がスピーチするとき、俳優として演技について語ることが求められている場なのか、それとも社長として経営について語ることを求められている場なのかによって、私のキャラクター設定が変わってきます。

スピーチやプレゼンテーションは誰が誰に対して何のために話すのか、そこを明確にしなければ話し手のキャラクターが設定できません。

自分の立場や話の内容を考えてスピーカーとしてのキャラクターを考えましょう。

また、スピーチとプレゼンテーションが、これまでの会話を中心としたコミュニケーションと異なるのは、1対多数のコミュニケーションであることです。

1人から3人ほどを相手にコミュニケーションを行う際には、一人ひとりの言語表現や非言語表現を観察しながら、マネジメントすることはお話ししましたが、数十人以上が相手になると勝手が違ってきます。

一つの方法として、スピーカーが緊張したり、どこを見ていいかわからなかったりする場合は、会場にいる人の頭を点に見立てて「ドット」に置き換えるイメージをします。

会場が「ドット化」した人で埋め尽くされている想像をすることにより結果として、緊張が和らぎリラックスして、自然なスピーチやプレゼンテーションを行うのに役立ちます。

人をドットとして認識することに慣れてきたら、話を聞いてくれている人のマインドが非言語表現的に返ってくる感覚を摑めます。

多人数に対しても自分軸をしっかり持って、相手のことを考えるマインドを忘れずに自己表現しましょう。

STEP 2 非言語表現は大きめに

言語表現としては、自分が設定したキャラクターと聞き手に伝えたい内容に相応しい言葉を選んでいきます。

非言語表現も同様です。

その場での自分のキャラクターに相応しい服装や登壇の仕方、ジェスチャーの大きさや声の抑揚などを選んでいきます。

特に大勢を相手にする会場は空間が広くなりますので、ジェスチャーは大きめを意識するといいでしょう。

その他の非言語表現、たとえば声の抑揚や話す速度の変化、表情などもすべて大きめに変化させるとよいでしょう。

また、動き回れるステージであれば足も見えていますので、必然性のある移動の仕方や、立ち止まっているときの足の位置まで意識を向けるようにします。

STEP 3 パワーのポーズでアファメーションする

大勢の前で話すのは、誰もが緊張するものです。上手に話す自信のない人は、セルフトークをお勧めします。

緊張してると感じたら「緊張してるね」と自分の状態を受け入れ、「大丈夫！きっとうまくいくよ」と自分を励ましてください。

「上手くできるかな」といった不安や心配などのネガティブな感情が浮かんできたら、今の心の状態を理解するセルフトークで、ネガティブな感情をポジティブに上書きしてください。

「失敗したらどうしよう」と思ったら、「あれだけ練習したから大丈夫！」と上書きします。

「聞いている人の反応が悪かったら嫌だな」と思ったら、「今はやれることをやろう！チャレンジすることに意義がある」などと上書きしていきます。

そして、なりたい自分を手にいれるためのアファメーションを行いましょう。

アファメーションとはおまじないに似ているかもしれませんが、心理学の分野の研究で効果が確認されている肯定的な自己宣言です。

「私は自分の発表を楽しむ才能がある」「私は失敗を恐れず、すべて成長の機会として受け入れる」「私は自分の意見と価値を大切にし、自信を持って表現できる」「私は自分の能力を信じ、すでに成功を手にしている」「私は成功した姿を想像し、そのための行動が取れる」など、宣言によって自分を奮い立たせ自信を強化していきます。

スポーツ選手がベストパフォーマンスを発揮するためにイメージトレーニングを行っているのはよく知られています。

頭の中で目指す姿や取るべき行動を想像するイメージトレーニングは主に非言語表現に焦点を当てています。

一方、アファメーションは、言語表現に焦点を当てて言語から脳に働きかけていると考えるとわかりやすいかもしれません。

「私はすでに理想的な状態にある」といったポジティブな宣言を自分に繰り返し言い

聞かせることで、自信のあるマインドセットをする方法です。

あとは、本番前にパワーのポーズをとってやる気をめぐらせます。腕を組むなどの守りのポーズは、緊張を与えストレスを増加させるのに対し、手足を大の字に広げて自分を大きく表現する勝利のポーズや、腰に両手を添えた自信のあるポーズをすることで、ストレスを減らし、自信を高めることが研究で示されています。

緊張やプレッシャーがある場面では、このパワーのポーズをすることで脳が自信を持っていると錯覚し、心身に良い影響が期待されます。

また、自分がワクワクするようなオリジナルのポーズなども良いでしょう。

私のおすすめはパワーのポーズでアファメーションすることです。

自信を高め、人をリスペクトして、あなたのマインドを整えて話を伝えることが、聞いてくれた方へあなたができる最大のお礼になります。

あなたの成長はこの本を手にした瞬間からはじまっています。
そして読了後のあなたは、揺るぎないマインドセットを身につけて新たなステージへ向かう準備ができていることでしょう。

多くの人の前で話さなければならない時、大切な人と深くわかり合いたい時、新しい関係を築きたい時、仕事で人脈を広げたい時、感謝の気持ちを伝えたい時、そして関係性を修復したい時、人生の転機となる重要なコミュニケーションの場において、この本から得た知識が、あなたの力になることを心から願っています。

コミュニケーションの知識とスキルは何歳からでもぐんぐん伸びていきます。
あなたを進化させる大きな自信にしてください。

さぁ！大きく深呼吸をして、パワーのポーズでアファメーションをしましょう！

「私は話し方の授業で学んだことにより、夢を実現できる！」

おわりに　話し方は未来への投資

最後までお読みいただきありがとうございます。

私は本書を書くにあたり、今ほど多様性を受容するスキルが求められている時代はない、という思いを新たにしました。

そのため、本書全体を流れる通奏低音として、多様性の受容というテーマが響いていたとしたなら、私の心の奥底にある願いも伝えられたと感じています。

時代は多様な在り方を重視しています。

異なる文化やバックグラウンドを持つ人々とも円滑に交流し共に成長していくためには、相手を受け入れ、その上で自分の想いを伝える力が欠かせません。

相互理解を深めるためには、丁寧に聞き取り、明確に伝える話し方が一層重要になります。日本人が世界で高く評価されている「空気を読む」や「察する」などマインドを把握する力や、「謙遜」や「おもてなし」など相手を尊重して接することなどは、脈々と受け継がれてきた優れた能力です。

この素晴らしき能力は、日本社会だけでなく、グローバル社会においてもますます重要性を増していくでしょう。そして、この特有の能力に、新しい知識が加われば、私たち日本人は「最強のコミュニケーションスキル」を身につけられるのではないでしょうか。

話し方の学びは人生の豊かさにつながります。誰もが、いつからでもはじめられる未来への投資です。

日々の暮らしの中で、「相手を尊重しながら話そう」と意識するだけで変化が表れてきます。今からでも心に決めて、少しずつでも取り組めば、「話し方」は永遠に成長していきます。

本書がみなさんのコミュニケーション力の向上に役立ち「なりたい自分」「在りたい自分」への道筋を見つけるきっかけになれば、これ以上の喜びはありません。

小林音子

著者略歴

小林音子（こばやし・おとこ）

コミュニケーションコーチ、TEDxスピーチトレーナー、エグゼクティブメディアトレーナー。オリオンズベルトグローバル代表取締役。俳優。

コミュニケーションにおけるマインド、言語表現、非言語表現の3つの観点から「自己理解」を深め、「伝える技術」が向上する独自メソッドを確立。アメリカでコミュニケーションのスクールを複数回視察し、得た知見をメソッドに取り入れる。TEDxスピーカーやビジネスパーソンをはじめ、講師、学生、俳優、タレントに至るまで多様な分野の方に「表現力」のトレーニングを提供。

メディアコーチとしては、政界や経済界のエグゼクティブ、広報担当者にメディア対応に必要な技術をコーチング。コミュニケーションコーチとしては、子供からシニアまで幅広い年齢層に向けて「話し方」「聞き方」の基本から、受験・就職面接対策、お見合い対策などをコーチングする。

「アクティング」「リスペクトトレーニング」「セールストレーニング」「リーダーシップトレーニング」「アクティブリスニング」「ネゴシエーション」「EQトレーニング」「身体表現マネージメント」「アサーティブコミュニケーション」「メタ認知トレーニング」など多角的に執筆・講演・ビジネストレーニングを手掛ける。

アメリカの中高生《ちゅうこうせい》が学《まな》んでいる
話《はな》し方《かた》の授業《じゅぎょう》

2024年3月31日　初版第1刷発行
2024年5月5日　初版第2刷発行

著　者　小《こ》林《ばやし》音《おと》子《こ》

発行者　出井貴完

発行所　SBクリエイティブ株式会社
〒105-0001　東京都港区虎ノ門2-2-1

装　丁　小口翔平＋後藤 司（tobufune）

カバーイラスト　市村 譲

本文デザイン　高橋明香（おかっぱ製作所）

校　正　ペーパーハウス

D T P　株式会社RUHIA

編集協力　地蔵重樹

編集担当　水早 將

印刷・製本　中央精版印刷株式会社

本書をお読みになったご意見・ご感想を
下記URL、またはQRコードよりお寄せください。

https://isbn2.sbcr.jp/24842/

落丁本、乱丁本は小社営業部にてお取り替えいたします。定価はカバーに記載されております。本書の内容に関するご質問等は、小社学芸書籍編集部まで必ず書面にてご連絡いただきますようお願いいたします。

ISBN978-4-8156-2484-2